JN268201

佛教大学教育学叢書

同和教育実践
新たな人権教育の創造

後藤 直・萩本善三・井川 勝 編著

ミネルヴァ書房

本書を、同和教育・生徒指導実践に取組み、
ラグビー部顧問としても91年より嘉楽中学校に11年間在籍し、
39歳の若さで逝った吉本康伸先生に捧げます。

　　　　　　　は　じ　め　に

　本書は，教職を目指す学生諸君に「同和教育とは何か」を学んでもらうことをねらいとしたものである。そのため，前半では，「同和教育」に焦点を当て，「同和教育」が生まれた背景や施策や取組が進められていく中での課題を踏まえ，節目となる時代時代に行われてきたさまざまな実践を京都市の「同和教育」の取組，とりわけ，佛教大学に隣接する4校（京都市立楽只，鷹峯小学校，嘉楽，旭丘中学校）での実践を中心に紹介している。

　後半では「同和問題」そのものについても中世から現代までの歴史を追いながら，なぜ「同和問題」が起こってきたのか，解決を目指してどのような取組が行われてきたのかを同和行政と解放運動が互いに手を携えて進めてきた「人間解放の歴史」として紹介している。

　「21世紀は人権の世紀である」と言われながら，この世の中にはまだまだ人権侵害，差別事象が多く残されている。我が国においても，ここで取り上げる「同和問題」はもとより，「在日外国人，とりわけ在日韓国・朝鮮人に対する差別の問題」，男女平等教育の必要性が言われているように「性による（とりわけ女性に対する）差別の問題」，「障害のある市民に対する差別の問題」等々，全ての人々の人権を確立していく上での課題が山積している。

　教育改革が叫ばれ，学校教育が変化しつつある今，子どもたちにつけたい力を含め，教育には変えていくべきものと「普遍」として守り続けていくべきものの両面がある。「同和教育は教育の原点である」と言われるように，これまでの「同和教育」の理念や実践には，今なお学ぶべき点がたくさんある。

　全国で「同和教育」の取組への機運が高まり，大きなうねりとなっていった1950年代には全国同和教育研究協議会が結成され（1953年）「差別の現実から深く学び，生活を高め，未来を保障する教育を確立しよう」というスローガンのもとに各地で「同和教育」の取組が進められていった。子どもたちに現れた課題をその背景にまで深く切り込み，保護者や地域をも巻き込んで進められてき

た「同和教育」の取組には，今だからこそ光を当て続けるべき視点や手法が数多くある。

　もちろん，ここで「同和教育」の全てを語り尽くせたわけではないし，「同和教育」の入門書として非常に概略的な紹介しかできていない面もある。本書で学んだことを実践に活かし，教育活動として命を吹き込んでいくのは，これから教壇に立ち，教育の一端を担っていこうとする学生諸君である。

　教育とは常に創造と実践を繰り返し，自ら進化し続けてきた。現状の把握と課題解決に向けた不断の取組を抜きにして教育の将来はないと言っても過言ではない。そして，教育の根幹にあり，その進化を支えてきたのが「同和教育」「人権教育」の取組である。

　そういう意味からも，「同和教育」ひいては「人権教育」への取組は，今後とも考え続けてほしい課題であるし，理念や理想に留めるのではなく日々の実践につなげてほしいと願っている。

2004年12月

編著者一同

同和教育実践
―― 新たな人権教育の創造 ――

目　次

はじめに

第1章　同和教育とは …………………………………………… *1*
1　同和問題の解決に果たす教育の役割 …………………… *1*
2　同和教育は教育の原点なのか ……………………………… *7*
- ①　学力保障（進学率向上）の取組　*9*
- ②　家庭，地域との連携　*9*
- ③　「個別の指導計画」（責任指導）　*10*
- ④　「生きる力」を育てる取組　*11*

第2章　同和教育のはじまり …………………………………… *13*
1　戦後の同和行政と同和教育 ……………………………… *13*
2　同和教育の黎明期 ………………………………………… *14*
- ①　長期欠席・不就学解消に向けた取組　*14*
- ②　高校進学率向上への取組　*16*

第3章　「法の時代」の同和教育 ……………………………… *21*
1　学校における同和教育施策の展開 ……………………… *21*
- ①　抽出促進（指導）　*21*
- ②　分割授業　*22*
- ③　基礎学力定着対策（責任指導体制）　*23*
2　「学習センター」での取組 ……………………………… *23*
- ①　補習学級と進学促進ホール　*23*
- ②　読書指導（文集「なかま」）　*24*
- ③　同和問題学習（センター学活）　*24*
- ④　家庭学習点検訪問　*25*

第4章　施策の成果と新たに生じた課題 ……………………… *27*
1　「同和教育施策」の総括 ………………………………… *27*

目　次

　　2　見えてきた課題………………………………………………… 28
　　　　1　京都市内の同和地区で進む空洞化　28
　　　　2　千本で進む空洞化と貧困化　30
　　3　同和教育の普遍化を目指して………………………………… 34

第5章　まちづくり運動と同和教育………………………………… 37
　　1　まちづくりはひとづくり……………………………………… 37
　　2　「格差是正」から共に伸びる教育へ ………………………… 39
　　3　地域教育としての同和教育…………………………………… 40
　　4　今，千本で取り組まれていること…………………………… 45
　　　　1　学力保障をめざして──個人選択制習熟度別分割授業　45
　　　　2　空き地ワークショップからWPPへ　52
　　　　3　京都朝鮮第三初級学校との交流から「ユーアイ・スクエア
　　　　　（友愛広場）」へ　64
　　　　4　配食ボランティア　76
　　　　5　人権フィールドワーク　84
　　　　6　千本の地域教材を活用した取組例　89
　　　　7　同和問題指導の展開──京都市の指導計画について　96

第6章　今日の部落差別につながる歴史…………………………… 103
　　1　日本における非人と穢れ意識の発生………………………… 103
　　　　1　「非人」と呼ばれる人々とは　103
　　　　2　穢れと非人　108
　　2　中世の賤民……………………………………………………… 110
　　　　1　宿と散所　110
　　　　2　穢多と呼ばれた清目・河原者　112
　　　　3　中世の文化・芸能に関わる賤民・非人　115
　　3　近世身分制度のもとで………………………………………… 118
　　　　1　近世の穢多　119
　　　　2　近世の非人　121

ｖ

- 3　近世被差別民のしごと　*121*
- 4　身分差別の強化と解放への動き　*123*

第7章　近代の被差別部落と水平社運動　*127*

1　明治維新と解放令　*127*
- 1　解放令の背景と意義　*127*
- 2　解放令と被差別部落　*128*
- 3　解放令反対一揆　*130*
- 4　松方デフレと被差別部落　*134*

2　部落改善運動と水平社運動　*136*
- 1　部落改善運動と融和運動　*136*
- 2　米騒動と被差別部落　*138*
- 3　全国水平社の創立――水平社宣言　*140*
- 4　水平社運動と高松地裁糾弾闘争　*144*

第8章　戦後の解放運動と同和行政　*149*

1　オールロマンス事件から法の時代へ　*149*
- 1　戦後の民主化と解放運動　*149*
- 2　オールロマンス事件と行政闘争　*151*
- 3　国策樹立運動への高まり　*153*
- 4　同和対策事業特別措置法の制定　*157*

2　1960〜70年代，進展する解放運動の中で　*158*
- 1　狭山裁判闘争が果たした役割　*158*
- 2　矢田教育差別事件・八鹿高校事件と「糾弾」　*161*
- 3　差別を商う部落地名総鑑・地名リストの意味　*166*

3　京都市における同和施策の本格的実施とまちづくり運動　*167*
- 1　改良住宅建設とまちづくり　*167*
- 2　千本（楽只・鷹峯地区）における住環境改善の歴史　*168*
- 3　住宅地区改良事業による住環境改善の完成　*169*
- 4　千本の現況　*171*
- 5　共生・永住に向けた新たなまちづくりの検証　*172*

目　次

第9章　同和教育から人権教育への展望 …………………………… 177
1　同和教育の理念と課題 ………………………………………… 177
- 1　同和教育の理念と人権教育　177
- 2　同和教育の課題　178

2　人権教育の理念 ………………………………………………… 180
- 1　世界人権宣言と人権教育　180
- 2　「人権教育のための国連10年」の提起と国内の動き　183
- 3　人権教育を取り巻く状況　188

3　人権教育の将来と課題 ………………………………………… 191
- 1　人権教育の任務　191
- 2　教育改革の中での人権教育　192
- 3　対話的な人権教育，「社会のルール」としての人権教育　193
- 4　話し合いと体験的な活動を通した人権学習　194

おわりに　197

資　料　199
- ①解放令
- ②水平社宣言・綱領・決議
- ③総合プロジェクト21　報告書（抜粋）
- ④特別施策としての同和対策事業の終結とその後の取組

索　引　227

第1章

同和教育とは

1　同和問題の解決に果たす教育の役割

　「『同和教育』は，同和問題を解決するための教育の営みの総称である。」と言われている。この「同和問題を解決するための教育の営みの総称」という言い方は，当然のことながら「同和問題を解決するための『教育以外の取組』」もあるということを示している。「部落解放運動」や「同和行政」がそれにあたるが，これらはそれぞれが単独に存在して「同和問題」の解決を目指してきたのではなく，お互いが密接に関連しながら「同和問題」の解決を目指して総合的に取り組まれた結果，解決に向けた一定の成果が生まれてきたのである（第2章参照）。

　これらの前提の上に立って，ここでは「同和問題の解決に果たす教育の役割」について述べていきたい。

　1965年8月に出された「同和対策審議会答申」（以下「答申」）では，その前文において「昭和36年12月7日内閣総理大臣は本審議会に対し『同和地区に関する社会的及び経済的諸問題を解決するための基本的方策』について諮問された。いうまでもなく同和問題は人類普遍の原理である人間の自由と平等に関する問題であり，日本国憲法によって保障された基本的人権にかかわる課題である。したがって，審議会はこれを未解決に放置することは断じて許されないことであり，その早急な解決こそ国の責務であり，同時に国民的課題であるとの認識に立って対策の探求に努力した。」と述べている。ここで，注目すべきは，同和問題の早急な解決は「国の責務であり，同時に国民的課題である」との考

え方を示したことである。

　また，同「答申」では「第1部　同和問題の認識　1　同和問題の本質」において「いわゆる同和問題とは，日本社会の歴史的発展の過程において形成された身分階層構造に基づく差別により，日本国民の一部の集団が経済的・社会的・文化的に低位の状態におかれ，現代社会においても，なおいちじるしく基本的人権を侵害され，とくに，近代社会の原理として何人にも保障されている市民的権利と自由を完全に保障されていないという，もっとも深刻にして重大な社会問題である。」との認識を示している。

　さらに，「2　同和問題の概観　(3)精密調査による地区の概況　㈭教育の状況」の中で，「教育の状況は，学校教育における児童生徒の学業の不振と社会教育の遅れ，同和教育の不振等が目立っている。学校教育における児童生徒の成績は，小学校，中学校のいずれの場合も，全般的にかなり悪く，全体的にみると上に属するものもいるが，大部分は中以下である。中学生徒の進路状況は，都市的地区，農村的地区ともに就職者が大部分であって，進学者は少なく，進学率は一般地区の半分で，30％前後である。」との分析を提示している。

　ここには，部落差別により，雇用（就労）の面では主要な生産関係から排除されたために「貧困」の状態に置かれたまま放置されたこと，居住の面でも「劣悪な環境」を余儀なくされていたこと，その結果として子どもたちに十分な教育を受けさせることができず，「貧困」「劣悪な環境」から抜け出せないという，いわゆる「差別の悪循環」を生み出していたことが見て取れる。

　こういった状況（実態的差別）がさらに心理的差別を助長し，「同和問題」の解決をさらに遅らせることにもつながっていたのである。

　したがって，
　①　雇用（就労）を促進し安定した経済基盤を保障すること
　②　劣悪な居住環境を改善していくこと
　③　「同和地区」の子どもたちの教育権を保障すること

が緊急の課題とされた。「同和教育」はいうまでもなく，この3番目の「『同和地区』の子どもたちの教育権を保障すること」という課題の克服を目指して

取り組まれたものである。

　ここからは，同和問題の解決を目指して取り組まれた「同和教育」について，京都市の取組を中心に見ていきたいと思う。

　「答申」に先立つこと，14年。1951年に京都市で「オールロマンス事件」（後述，第8章参照）が起こったが，この事件及びその後の闘いでは，「差別とは観念の亡霊ではなく，具体的な部落の生活の中にあること」を明らかにしたという意味で大きな意義があったといえる。そして，それ以来，生活の中にある低位な実態を放置してきた政治・行政に対する闘いとして，差別行政糾弾闘争が展開されていくこととなった。

　当時の「同和地区」の実態は，まさに「答申」が14年たっても変わらない実態として指摘した通り，「老朽化した狭く小さい住宅」「雨が降ればすぐに道に水があふれ出す側溝」「ガスや水道の本管は部落を避けて通り，火災報知器もなければ消火栓もない」「不就学児童・生徒は部落外の12倍にもおよぶというのに，学校や教育委員会は何の手だてもしない」「失業対策であっても仕事に就ければよい方，という就業実態」にあった。そして，その劣悪な実態が差別を再生産していることを指摘し，市民的権利を保障させる闘いが，1969年の「同和対策事業特別措置法」公布・施行へと結びついたのである。

　オールロマンス事件及び，この後に紹介するさまざまな取組や施策については，後の章に詳述するので，ここでは概略だけを紹介しておく。

　1951年，京都市内の小中学校の児童・生徒で年間50日以上欠席したものの比率は，小学校で0.6％（6.5％），中学校で2.8％（28.7％）であった。*

　　　*左側の数字は全市の数字であり，（　）内の数字は同和地区児童・生徒の数字である。こうして見ると，小中学校とも全市比率の10倍を超える値となり，いかに不就学の克服が重要な課題であったかがこの数字からもわかる（京都市教育委員会「同市同和教育の現状と今後の方向について」1994年，より）。

　そこで，緊急の手だてとして1952年には"経済的援助の施策"として学用品等の現物支給を行う「特別就学奨励費」が制度化され，11年後の1962年には，

同様に年間50日以上の欠席者の比率は小学校の児童で0.6％（2.8％），中学校の生徒で1.0％（5.1％）とかなりの改善を見，その後も年々「差」が縮まり，1961年には，ほぼ数字の上での違いがなくなるまでになった。

しかし，当面の課題であった不就学実態の克服が一定の成果を挙げた1962年の中学校卒業生の高校進学率を見ると，不就学の実態が改善しつつあるなどといった楽観的な見方を許さない厳しい実態があった。それは，「答申」にも示された，同和地区外生徒と同和地区生徒の間に見られる高校進学率の「格差」である。1954年には補習学級がスタートし，学力保障の取組も進められていたのだが，8年を経た1962年度でさえ，全市の中学校卒業生の高校進学率は75.0％（3/4が高校へ進学する）であったのに対し，同和地区生徒の高校進学率は，その半分にも満たない34.6％であった。こうしたことから，小中学校への就学を保障するだけでなく，学力・進路保障，すなわち高校進学率に見られる全市水準との格差をなくしていくことこそが次の課題であると考えられ，取組の充実が図られていくことになった。

こうした実態の克服を目指し，1963年度には「進学促進ホール」が制度化され，翌1964年1月には，「『学力向上』を至上目標とする」とした「京都市同和教育方針」が策定された。この「同和教育方針」からは，「学力保障」（進路保障）こそが同和問題の解決に寄与する教育の営みとして最優先されなければならないという決意が伝わってくる。

その後，少なくとも1970年代には「学力向上」という言葉に示された「学力」とは「自ら学ぶ力」と「学んだ結果としての知識・理解を保持し活用する能力」との統合されたものであるとの考えが「学校指導の重点」（現在は「指導の重点」と名称を変えている）にも示され，今日までこの「同和教育方針」の精神が受け継がれている。

これらのことからもわかるように，「同和問題の解決に果たす同和教育の役割」の第一は，部落差別によって奪われていた教育を受ける権利の保障，とりわけ，教育の結果としての学力・進路の保障であり，そのことによって「差別の悪循環」を次世代に引き継がせないことであった。

二つ目には、これまでに述べた「実態的差別」が生み出す「心理的差別」の解消を目指した取組である。具体的にいうならば、同和問題認識を深め、同和問題をはじめとするあらゆる差別の解決のために行動できる子どもたちを育てる学習の推進である。これらは、「同和問題学習」(それぞれの学校によって、独自の呼称を用いることが多い)と呼ばれており、特別活動の時間を活用したり、特設時間を用いて学習が進められていた。

「同和問題学習」には同和地区児童・生徒に対する取組と全ての児童・生徒に対する取組があり、教育課程外の取組としては保護者啓発も大切な取組として行われていた。

同和地区児童・生徒に対する取組は、主に「同和問題」解決の主体者として自分自身の問題として「同和問題」解決に向けての力を身につけさせることを目指していた。

全ての児童・生徒を対象とした「同和問題学習」は、当初は部落問題の認識を深める(部落差別について知り、部落問題の解決を目指して行われているさまざまな取組を学ぶ)ことを最大の目的とし、教室で先生から話を聞く形で学習を進めていくというのが一般的な形であった。「センター学習*」や「抽出促進**」といった部落問題解決のための施策が「同和地区」の子どもを対象に行われていたので、その意味を正しく理解させていくことは児童・生徒にとっても学校にとっても必要なことであったと言える。

　*「センター学習」…従来、「補習学級」「進学促進ホール」等として実施されてきた同和教育施策を行う拠点施設として建設された「学習センター」において取り組まれた学習。
　**「抽出促進」…学力保障の方策として、特定の教科の授業時(国語・数学・英語)に原学級から抽出し(抜き出し)、少人数による個々の課題に即した授業として行われた加配教員を活用した同和教育施策の一形態。

その一方で、中学校における特徴的な課題として、「同和地区」を含む小学校から入学してくる生徒たちは「同和問題学習」も低学年段階から受けてくるし、自分たちの身近な問題、友だちにかかわる問題として学習してくるけれど、「同和地区」の子どもが通っていない小学校から入学してくる生徒たちには、

十分な「同和問題学習」の時間が保障されていないのではないかということも課題として挙げられていた。中学校に入学したら，友だちが「学習センター」に通い，「抽出促進」へも出ていく。なぜそうなのかを部落問題の歴史，解決への道筋とともに理解させることは，部落解放を目指した取組を正しく知ってもらうという意味からも大切なことであった。

　この節の最後に，2004年度の京都市教育委員会の「指導の重点（Ⅲ　人権教育の重点）」を引用して，改めて「同和問題の解決に果たす教育の役割」のまとめとしたい。

　「自ら進路を切り拓き，自立して生活する」ためには社会の中でその個性と能力を発揮できるよう，確かな学力の定着と進路の保障に努めることが重要である。

　しかしながら，同和問題をはじめとする人権問題に起因する家庭・地域の教育条件の不十分さなど，本人の責に帰さない様々な制約により，個性や能力が十分に伸ばし切れていない焦点化すべき子どもたちが存在する。各校においては，常に目の前の子どもの実態から出発し，その実態を生み出している背景の理解のうえに立って，そうした子どもたちの課題に焦点を当て，その主体的努力を引き出し，自己実現に向け自立を支援していかなければならない。

　すべての人権が尊重され，あらゆる差別を許さない社会にしていくためには，子どもたち一人一人に人権尊重の精神を養い，人権問題解決に向けた実践的態度を培う必要がある。

（自己実現を目指した取組の推進）

　そのためには，人権尊重という普遍的な視点に立った指導と，それぞれの人権問題固有の歴史的経過や社会的背景・課題をふまえた指導が必要であり，子どもたちの発達段階に応じて，「人権に対する認識を育てる指導」を適切に推進していかなければならない。その際には，単に知識を与えるのではなく，常に子どもの心を揺さぶり，自らの言動を振り返らせ，子どもたちの生き方を高めることを目指して取り組むことが重要である。

（生き方を高める人権についての学習の推進）

2 同和教育は教育の原点なのか

「同和教育」は教育の原点であると言われることが多い。では，そもそも教育とは一体何を目指して行われるものであろうか。

日本国憲法には，「第二十六条　すべて国民は，法律の定めるところにより，その能力に応じて，ひとしく教育を受ける権利を有する。すべて国民は，法律の定めるところにより，その保護する子女に普通教育を受けさせる義務を負ふ。義務教育は，これを無償とする。」と教育権，義務教育が条文化されている。

また，「教育基本法」においても，「第一条（教育の目的）　教育は，人格の完成をめざし，平和的な国家及び社会の形成者として，真理と正義を愛し，個人の価値をたつとび，勤労と責任を重んじ，自主的精神に充ちた心身ともに健康な国民の育成を期して行われなければならない。」「第三条（教育の機会均等）　すべて国民は，ひとしく，その能力に応ずる教育を受ける機会を与えられなければならないものであつて，人種，信条，性別，社会的身分，経済的地位又は門地によつて，教育上差別されない。国及び地方公共団体は，能力があるにもかかわらず，経済的理由によつて修学困難な者に対して，奨学の方法を講じなければならない。」と記されている。

「同和教育」は，まさにこの条文に記された理念の実質化を目指した実践であった。すなわち，一人一人の教育権を保障するとともに「確かな学力」の定着を目指し，「平和的な国家及び社会の形成者として，真理と正義を愛し，個人の価値をたつとび，勤労と責任を重んじ，自主的精神に充ちた心身ともに健康な」児童・生徒を育てる取組そのものであったと言える。

その先進性を改めて「第三の教育改革」の流れの中から検証し，「同和教育が教育の原点」と言われる理由を明らかにしていこうと思う。

2002年度から，学校週5日制が完全実施されるとともに，「学習指導要領」が改訂され，「生きる力」と確かな学力を育むことを目指した教育改革が進められている。実は，ここで示されている「教育改革」の向かうべき方向や具体

的な取組は，これまで「同和教育」の中で実践されてきた理念や実践が生かせるものが多い。

ここでは，戦後の教育を牽引してきた「同和教育」という立場から，①学力保障（進学率向上）の取組，②家庭・地域との連携，③個別の指導計画（責任指導），④「生きる力」を育てる取組の4つの視点で検証していきたいと思う。

中央教育審議会（以下「中教審」）の「教育課程部会」は2003年8月に出した「初等中等教育における当面の教育課程及び指導の充実・改善方策について」（中間まとめ）の中で，「新学習指導要領や学力についての基本的な考え方等」の骨子を次のように示している。

> ○新学習指導要領の基本的なねらいは［生きる力］の育成。各学校では，家庭，地域との連携の下，［生きる力］を知の側面からとらえた［確かな学力］の育成のための取組の充実が必要。
> （※［確かな学力］とは，知識や技能に加え，自分で課題を見付け，自ら学び，主体的に判断し，行動し，よりよく問題を解決する資質や能力まで含めた学力）
> ○教えるべき内容，考えさせるべき内容それぞれに即した指導，個に応じた指導などで「わかる授業」の一層の推進，「総合的な学習の時間」等を通じた体験的・問題解決的な学習活動の展開が必要。
> ○全国的・地域的な調査により，［確かな学力］の総合的な状況を把握し，各学校における指導の充実・改善や教育課程の基準の不断の見直しが必要。

新学習指導要領の基本的なねらいとして示している［生きる力］の育成であるが，この中間まとめにおいても，家庭や地域との連携の下「知識や技能に加え，自分で課題を見付け，自ら学び，主体的に判断し，行動し，よりよく問題を解決する資質や能力」の育成のための取組の充実を求めている（視点①，②，④）。

さらに，「教えるべき内容，考えさせるべき内容それぞれに即した指導，個に応じた指導などで『わかる授業』の一層の推進，『総合的な学習の時間』等を通じた体験的・問題解決的な学習活動の展開が必要」とも述べている（視点

③)。

　これらは，まさに「同和教育」が培ってきた理念，実践そのものであり，現在「同和教育の普遍化」が言われているゆえんともなっている。

1　学力保障（進学率向上）の取組

　学力保障は，「同和教育」はもとより教育の根幹をなすものであり，「確かな学力」の定着，義務教育終了後の進路保障は教育にとっての永遠の課題であり，究極の目標である。

　学校における学力保障の取組は，同和地区児童・生徒に焦点を当てた授業の組み立て，さらには不断の授業改善の取組や新しい取組の創造へとつながっていった。また，施策の中ではあったが補習学級や進学促進ホールを通じて組織的，計画的な学力保障の取組として進められてきた。

　さらには，家庭との連携，家庭の協力を抜きにしては学力保障（進路保障）が難しかったということもあり，家庭学習の充実をも視野に入れて，今に活かせるさまざまな取組を生み出してきたのである。

2　家庭，地域との連携

　現在，家庭・地域との連携が強く求められている。これは，一つには少子高齢化の社会の中で核家族化が進み，かつて地域がもっていたコミュニティとしての力が弱まってきていることが理由の一つとしてあげられる。言い換えるならば，学校だけでは克服できない課題が子どもたちを取り巻く環境の中に生じてきたということなのである。

　先にも述べたが「同和教育」においては，「同和問題の解決を目指す」「子どもたちの学力・進路保障を目指す」中で，家庭・地域との連携協力は不可欠であった。子どもにどんな力をつけたいのか，今の課題は何であり，どのような学習が必要なのか。そのために家庭に協力してほしいことは何なのか。家庭訪問をする中で，保護者と常に子どもを中においた話をし，具体的にすべきことを明らかにしながら学力や生活面での課題を克服していくといったことが毎日

のように行われていた。

また，「子ども会活動」への教員の参加といったように，地域の願いを受け，地域とともに子どもの育成を図るといった取組も，すでに「同和教育」の中で芽生えていたと言える。

3 「個別の指導計画」（責任指導）

前回の改訂時に個性化，個別化がキーワードとなり，「習熟の程度に応じた指導方法の工夫・改善」という文言が小，中学校の指導要領に明記された。すなわち，それまでの一斉授業というスタイルから個性に応じて指導を工夫していくことが求められたわけである。この考え方は，2002年の指導要領改訂（完全実施）にも引き継がれており，特に「特別支援教育」の考え方の中では「個別の指導計画」の作成という形で「同和教育」の理念・実践が反映されている。

以下に参考として，文部科学省が盲・聾・養護学校の在り方，学習障害，注意欠陥／多動性障害（ADHD）など小・中学校に在籍する特別な教育的支援を必要とする児童生徒への対応等を検討するため，特別支援教育の在り方に関する調査研究協力者会議を設置し，調査審議を行いとりまとめた，同会議の「中間まとめ」（2002年）の概要を紹介する。

今後の特別支援教育の在り方について（中間まとめ）―概要―
○障害のある児童生徒等一人一人の教育的ニーズを正確に把握して，盲・聾・養護学校をはじめ，これまで特殊教育において整備された人的・物的資源を最大限に活用して，教育，福祉，医療等の関係機関の連携の充実等により，一層質の高い教育を行う。
○障害の状態等に応じて，教育や指導の専門性が確保されることが必要であり，教員の指導の専門性の向上，学校長，教頭等のリーダーシップの発揮に加え，学校外の多様な分野の専門家の総合的な活用を図ることが重要である。保護者も障害のある児童生徒の教育において重要な役割を担うものであり，これまで以上にその理解や協力を得て教育を行うことが必要である。
○このため，乳幼児期から学校卒業後までを通じて，一貫して関係機関の密接な連

> 携の下，適切な教育的支援を行うことを目的とする「個別の教育支援計画」（以下，「支援計画」という。）を作成する。支援計画は，障害のある児童生徒等の成長の過程に応じて，学校，福祉関係施設等の中から適当な機関が策定するもので，計画—実施—評価（Plan-Do-See）の考え方の下で，一人一人の教育的ニーズに応じた指導目標の設定や教育的支援の内容の明確化を目的とする。
> ○支援計画の策定に当たっては，障害のある児童生徒の教育について知識や経験を有する者が中心となり，学校内においては，関係者の連携協力の確保はもちろん，学校と福祉，医療等の関係機関との連携協力が不可欠であり，関係者及び関係機関間の連絡調整を行うコーディネータ的な役割を果たす者の役割が重要である。このため，各学校にこのような役割を果たす「特別支援教育コーディネータ（仮称）」を指名するなど，指導体制の整備を図ることが必要である。

4 「生きる力」を育てる取組

「生きる力」についてであるが，「同和教育」においては，学力をどう捉えるかは常に議論されてきた。同和問題解決の主体者として成長する子どもという言葉の中には，単に「狭義の学力」である知識・理解に留まることなく，自らの「生き方」の根幹となる方向性をもって活かせる「学力」（「自ら学ぶ力」と「学んだ結果の力」の統合されたもの）として捉えられ，より幅広い「生きる力」としての学力を求めてきた。

かつての「同和問題学習」では，部落差別の歴史，不当な差別とそれに対して立ち上がった部落の人々，解放を願う闘いと要求といった内容を一連の流れとして学習してきた。とりわけ，「オールロマンス事件」以降の行政闘争から「答申」，それに続くさまざまな同和立法と法の裏づけによる「同和（教育）施策」については，部落解放につながる確かな道筋として学んできた。

そして，1990年代に入ると，部落の歴史に題材を求め，部落解放のために立ち上がり，たくましく生き抜いた先人を教材に採り入れた「同和問題学習」が始まった。

例えば，千本部落*では中世に生きたとされる，北野神社と深い関係のあった「千本の赤」の話，明治に入っては，益井茂平が楽只小学校の前身である蓮台

野小学校や眼科の病院などを創設し,「千本」のために尽力した話などが教材化され, 全国水平社の連盟本部が置かれるなど, 地元と深い関わりのある水平社宣言も同和問題を考える「生きた教材」として使われ始めた。

> ＊「千本部落（楽只・鷹峯地区　以下,千本)」…佛教大学に隣接し,京都市立楽只・鷹峯小学校, 嘉楽・旭丘中学校の校区に含まれる。

　それも, 先生が一方的に説明するというこれまでの手法を超え, 生徒がこれらのテーマに対して自分から働きかけ, 疑問を出し合い, 解決していくなど, 今日よく言われる参加・体験型的な学習として採り入れられていったのである。

　いわゆる机上の学習から, 実感できる学習, 共感できる学習へとスタイルを転換していったと言える。学校から飛び出し, クラス全員が, 学年全員が千本部落の中に足を踏み入れ, ツラッティ千本や学習センターを見学したり, 水平社ゆかりの史跡を訪ねたりするという学習もこの頃から始まった。部落外の生徒が部落の中に入るなどということは, ひと昔前には考えられないことだった。こういった, 今日の総合的な学習につながる学習も, 単なる教科学習や知識・理解の習得に留まらない「生きる力」を育む学習として進められていったのである。

　本節では, 4点に絞って述べてきたが, これらはみな「同和教育」の先進性を示すエピソードであり, ここにも,「同和教育は教育の原点である」と言われる一端が見て取れる。

　　　　　　　　　　　　　　　　　　　　　　　　　　　　（萩本善三）

（学習課題）
○ 「同和教育とは」という問いに答えてみよう。
○ 「同和対策審議会」答申が出された当時の, 同和問題解決のための課題をまとめてみよう。
○ 「同和問題」解決に教育が果たすべき役割についてまとめてみよう。
○ 「同和教育」は教育の原点であるということについて説明してみよう。
○ 「同和教育」が目指す学力について,「生きる力」との関係も踏まえてまとめてみよう。

第2章

同和教育のはじまり

1　戦後の同和行政と同和教育

　1945年4月，戦前の行政機構である厚生局厚生課に同和係が設置されている。そしてほどなく終戦を迎え，京都市の行政も新憲法のもと機構改革がなされ，同和係は新たに，民生局に移管された。これは，戦前・戦中に引き続き，市が同和地区の環境改善事業を積極的に推進するために行った行政措置であったといえよう。同係は1951年「京都市同和地区生活実態調査」を実施し，調査は翌1952年に完了する。調査結果に基づき，市は各種の改善事業を計画するのであるが，同年生起したオールロマンス事件によりそれら事業の多くは前倒し実施され，京都市の同和行政は一気に加速されることになった。

　1950年，大戦によって中断されていた国の不良住宅地区改良法による住宅改良事業に市は着手する。完成した改良住宅は一戸あたり12.5坪（約40m^2）の居住面積を有し「当時2種公営住宅の基準であった10坪よりもかなり広く作られていた」という，大正期以降の地区改善事業史上，画期的なものであったようだ。この改良住宅建設を皮切りに京都市の各部落では相次いで改良住宅が建設され，同時に基幹道路の整備や上下水道の敷設等が順次進められることとなった。その間，京都市は厚生省に「地方改善事業の補助金計上」を行う等，積極的に働きかけ予算確保につとめた。また，市の予算に「同和対策費」として年度ごとに特別経費を計上するなど，戦後の同和行政は50年代の前半から急速に押し進められたのである。国政レベルで「答申」が「同和地区に関する社会的及び経済的諸問題を解決するための基本的方策」について答申を行ったのが

1965年であったことを思えば，同和行政推進の中核が地方行政であり，地方から国への働きかけによって国が法整備と予算化を行うという流れは戦前の部落改善事業のときと同じである。さらに，同和行政の法的・経済的支柱となる「同和対策事業特別措置法」及び「同和対策事業特別措置法施行令」が公布されたのはその4年後，1969年のことであった。

2　同和教育の黎明期

⬜1　長期欠席・不就学解消に向けた取組

　戦後の京都市における同和教育施策は，同和地区児童・生徒の長期欠席（以下，長欠）・不就学の取組に始まる。すでに述べたように，同和地区児童・生徒の不就学率の高さは特筆される。オールロマンス事件当時の長欠児童・生徒数は，第1章でも述べた通り，小学校で京都市0.6％に対し同和地区6.5％であった。中学校では，京都市2.8％に対し同和地区28.7％と，数字が跳ね上がる。どちらも，京都市平均の10倍という高率である。同和地区児童・生徒の長欠・不就学問題は，同和教育創生期における最も重要にして緊急な教育課題であった。

　同年，部落解放委員会京都府連合会はオールロマンス差別事件糾弾要項の「差別は市政の中に」で，同和地区児童・生徒の「不就学児童を無くする対策を即時たてること」を同和教育行政における最重要課題と位置づけた。具体的には「生活困窮家庭の児童・生徒への学用品の無料支給，無料で完全な給食の実施」などの要求を京都市に対して行っている。そして，京都市議会に提出した「吾々は市政といかに闘うか—オールロマンス差別事件糾弾要項—」では「差別は市政の中にある」と断じ，それぞれの行政区分における差別性を指摘し，「㈥教育政策」では以下のように述べている。

　　　部落の子どもが学校教育からうけている差別程おそろしいものはないであろう。
　　通学区域を部落で限られている学校では，学校全体が差別される。だからその学校

第**2**章　同和教育のはじまり

への赴任を拒否する教師さえいる。通学区域を一般の児童とともにする学校では，学校内部で差別される。甚だしいのになると教師が部落の児童を差別する。通学区域の編成の際におこるトラブルはすべてこれらの差別が現実に実感として存在することを証明している。

　学校教育の差別はそれだけではない。不就学児童の問題がある。日本の教育制度では，小・中学校の教育が義務教育であることはいうまでもない。就学させる義務を市がおわされていることになる。しかし市は，実際にこれらの義務を果たすことに誠意をみせたかというと，それは疑わざるを得ない。高野中学の不就学生徒の80％は，養正の地区の生徒である。それにたいして市から，学校の方から，具体的な手がうたれたということをきかない。むしろ部落の要求にたいして，無関心でいるのが現実である。勿論比較的誠意をもってやっている場合もある。

　　　　　　　　　　　　　　　　　　　　（部落解放委員会京都府連合会，1951）

　この糾弾闘争をうけて京都市は「今後の同和施策運営要綱」を策定し，これにもとづいて戦後初めての同和教育費200万円が52年度予算として計上されることになったのである。

　このように京都市における戦後の同和教育は，同和地区児童・生徒の長欠・不就学の解消に向けた就学奨励事業から始まった。再掲になるが，その10年後の1962年度の長欠同和地区児童・生徒は，小学校で2.8％（京都市0.6％），中学校で5.1％（京都市1.0％）と大幅に減少することになる。こうして，明治初期の学校創設期以来，同和地区が抱え続けてきた長欠・不就学問題は，行政が予算を伴った具体的な教育施策を実施して，ようやく解決の方向に向かうことになったのである。しかし，数字の大幅な向上は認められるものの，京都市全体との比較において格差が完全に是正されたわけではない。最重要課題としての長欠・不就学問題は一定の成果を得たばかりであり，当時，同和教育予算の多くを占めた同和地区児童・生徒に対する特別就学奨励費はその後も長期間同和地区家庭に給付され，同和地区児童・生徒の長欠・不就学率のさらなる減少が期されることになる。また，1952年度より予算として計上されるようになった同和教育費は，その後も年々増額されるようになった。それは，同和地区における教育課題が長欠・不就学だけではないことを物語っている。例えば，学習

に遅れが見られる同和地区児童・生徒に対し，一部の同和関係校（同和地区を校区に含む学校）の教員（有志）によって戦後まもなく自主的に取り組まれていた勤務時間外（多くは夜間）の補習学級が，1960年代にはいると同和教育施策として実施されるようになった。これは，同和地区児童・生徒の学力保障が，ポスト長欠・不就学対策として同和教育施策の次なる重要課題として認識されていったということである。

2 高校進学率向上への取組

第1章1節でも示したように1963年3月卒業の同和地区生徒の高校進学率は34.6％，京都市は75.0％である。実に40.4ポイントの格差である。同和教育施策が実施され10年が経過し，当初の重要課題であった長欠・不就学解消の取組は一定の成果を上げたものの，同和地区中学生の高校進学率は京都市の半分以下だったということである。こうした実態をふまえ，60年代にはいると京都市の同和教育は長欠・不就学の取組から学力・進路保障の取組へというターニングポイントを迎える。

現場教員からも，同和地区児童・生徒の低学力実態が指摘され，京都市は同和地区児童・生徒の学力実態の把握につとめることになった。それまで，長欠・不就学という大きな課題に隠れ，行政的には直視されなかった同和地区生徒の低学力実態が改めて浮き彫りにされたのである。

京都市は1964年1月9日，「教育の分野において，それぞれの公務員がその主体性と責任で同和地区児童・生徒の学力向上を至上目標とした実践活動を推進する」という同和教育目標を策定する。同方針は「（注）若干の説明」として，以下の3点を上げている。

　(ア)　従来，方針書が多方面から出ているが，いずれも抽象的であったり単なる作文であり，実際的活動とは縁の遠いものであったことを反省し，簡明に要所だけを指摘し，行動とつながるものにするために当面の重点施策としてあげた。
　(イ)　教育現場には当然同和地区以外へのいわゆる啓蒙活動があるが，そのことのために中心であるべき同和地区自体への働きかけがにぶったり，また，そのことで，

第2章　同和教育のはじまり

　こと足れりとしてきた実状にかんがみ，ことさら一般市民への啓蒙活動をあげなかった。勿論，必要でないということではない。
　㈪　同和地区の経済向上をなす基本として生徒の就職が提起されるべきだが，これとても学力の向上が先決であるという意味である。また，進学の問題，非行問題もしかりである。
　　　　　　　　　　　　　　　　　　　　　　　　　　　　（京都市教育委員会，1964）

　こうして，具体的な数字として，同和地区生徒の高校進学率を京都市水準に引き上げる教育プロジェクトが京都市行政を挙げて取り組まれることになったのである。

　1964年の同和教育方針を受け，同年4月，京都市立洛東中学校・近衛中学校の2中学校を会場に中学校3年生の同和地区生徒を対象とした進学促進ホールが開設された。ここへは全市の同和地区生徒が夜間登校し，高校入学試験合格のための学習指導を受けた。講師の多くは京都市の同和関係校教員であった。それまで，各校が個別に取り組んでいた同和地区生徒に対する進学指導を同和教育施策として，京都市が主体的に取り組むことになったのである。当然，指導教員に対する指導費もわずかではあるが同和予算の中に計上された。進学促進ホールとは，同和地区生徒が受験勉強を行う場所を示す名称ではなく，同和地区生徒の高校進学率を引き上げるための同和教育施策名である。この取組はその後，各同和地区に建設された学習センター（現学習施設）や隣保館（現コミュニティセンター）において地区単位で取り組まれるようになり，2002年3月「地域改善対策特定事業に関する国の財政上の特別措置に関する法律（以下，地対財特法）」の5年間の延長措置期間が終了するまで継続された。

　また，進学促進ホールとは性格が異なる施策として，1967年には中学校卒業者に対する就職・進学支度金給付制度がはじまり，資金面でのバックアップ体制を整えた。

　進学促進ホールの開設は1964年であったが，その10年前に当たる1954年には補習学級制度が発足している。京都市の「同和教育の概要」によると補習学級は次のように位置づけられている。

同和地区児童・生徒の教育の機会均等の権利を保障するために課外に補習学級を開設して，自主的学習態度を育成し，学力の向上を図る。同和地区児童・生徒に対する補習教育は戦前から一部の地区で若干の教員の自主的な活動として隣保館，集会所等で行われていたが，教育委員会が施策として補習教育を取り組むようになったのは，1951年のオールロマンス事件を契機として同和地区児童・生徒の教育環境の充実が要望されてからである。
　　1952年に特別就学奨励費を計上して長欠・不就学対策を制度化し，続いて1954年には，学力補充の必要からそれまで自主的な活動として行われていた補習教育を全市の同和地区に及ぼすことを目的として課外補習費を予算化し，翌1955年より補習学級費と改称し，現在に至っている。　　　　　　　　　（京都市教育委員会，1964）

「補習学級の制度化以来，同和地区児童・生徒の学力は一定の向上をみてきたものの」(「同和教育の概要」1964）と1964年当時の教育委員会は概観したが，それは十分なデータに基づいたものではなかった。それどころか，高校進学率が全市水準の50％以下という明らかな格差が当時の同和地区児童・生徒の学力実態を表していた。つまり，制度化された補習学級事業が10年間で十分な成果を上げていなかったということである。こうした実態をふまえ，前項で述べた京都市の同和教育方針が策定され，その具体的な取組として補習学級から独立した，進学促進ホールが開設されたのである。当然，64年を契機にして補習学級の取組が強化されたのはいうまでもない。同和地区児童・生徒の学力実態を客観的に把握するための手段として学力状況調査（全市研究会テストの結果を各教科の研究会が「各教科テスト分析結果報告」として毎年発表）が実施された。調査結果は学校教育と補習学級にフィードバックされ，学校・行政が一体となって同和地区児童・生徒の学力向上を目指す「京都方式」がこのころから本格的に始まったのであった。
　同和地区児童・生徒への補習学級が地域の集会所や隣保館，学校等で取り組まれていたのは先にも述べた。進学促進ホールが開設され，補習学級が強化された1960年代，同和地区の地域改善事業は改良住宅建設のラッシュを迎えていた。京都市内の改良住宅の建設が一応終了するのはこの20年後に当たる。した

がって60年代の同和地区内の住環境はまだまだ，劣悪なものであった。1969年，市は京都市同和対策長期計画（第1次試案）を策定した。当時の，市の同和行政の基本方策が，

　1　新しい町づくりを目標とする環境の改善
　2　学力向上を至上目標とする教育の充実
　3　近代産業への雇用を促進するための職業安定対策
　4　隣保館を拠点とする生活相談及び生活指導

の4点であったことからも，さまざまな同和対策事業が急ピッチで進められてはいたものの，同和地区住民の生活実態には多くの改善の余地が残されていたことを知ることができる。当時，家庭内に学習環境が整備されていない大多数の同和地区児童・生徒が自主的な学習を行うための学習環境整備の必要性が指摘されたのは，いうまでもない。「6畳一間に8人家族」の八軒長屋が残る中，同和地区生徒が進学促進ホールや補習学級に参加し，学習するための公共施設として同和地区内に「学習センター」が建設されるのは1970年代に入ってからのことである。1971年，錦林，楽只両地区に学習センターが建設されて以来，向こう12年間に14の学習センターが京都市内の同和地区に建設された。各施設は，建設当時の児童・生徒数によって規模の大小にこそ違いはあるが，京都市教育委員会の直轄施設として指導主事が常駐し，センターの管理・運営に当たった。補習学級や，進学促進ホールといった義務教育の保障にかかわる同和教育施策はもとより，高校生学習会，識字学級等も開設された。

　1963年当時，全市の半分に満たなかった同和地区生徒の高校進学率は，その後10年で全市と肩を並べるようになる。1973年には全市93.9％に対し，同和地区92.8％と，1.1ポイントの差となる。この急激な向上は，進学促進ホールにおける学習指導や高校奨学金による経済援助をはじめとした同和教育施策が効率的に機能したことによるものである，と言えるだろう。高校進学率はその後も最大格差―10ポイント未満で小幅な変動を繰り返しながら推移するが，1984年のように，全市91.6％，同和地区92.8％と，格差がプラスに転じる年度もあった。このように，同和地区生徒の高校進学率は飛躍的に向上し，1997年時点

では全市97.0％に対し，同和地区生徒は96.9％と，ほぼ比肩する状態を継続して示すようになった。この京都市の同和地区の高校進学率は，全国の高校進学率が1995年度で96.7％，全国の同和地区生徒の平均が92.4％であることをみると極めて高い水準であるといえ，また，同年の大阪府の同和地区の高校進学率が89.3％，奈良県のそれが92.0％であることに比べても，京都市の高校進学を実現するためのこれまでの取組は，特筆すべき効果をあげてきたといえる。このように，進学率の倍増という数字を追うならば，行政主導による教育プロジェクトとしては世界的にも類をみない成功例といえるのである。

　ただ，京都市の同和地区における高校進学率向上は，同和教育施策の実施のみによるものではない。保護者をはじめとする同和地区住民の期待と応援，それを背負った子ども達自身の頑張り，学校教員の献身的な指導，それらを機能的に働かせた同和施策が短期間のうちに驚異的とも言える数字を作りあげたともいえる。

　次章では，主としてこの間に同和教育施策として取り組まれた実践を紹介したい。

　　　　　　　　　　　　　　　　　　　　　　　　　　　　（今井　誠）

(学習課題)
○　長欠・不就学の解消に向けた取組についてまとめてみよう。
○　高校進学率向上に向けた取組についてまとめてみよう。
○　長欠・不就学の解消，高校進学率の向上にむけた取組が成果をあげた理由について研究してみよう。
○　学習センター（現学習施設）が建設された理由と，そこで行われた取組についてまとめてみよう。

第3章

「法の時代」の同和教育

1　学校における同和教育施策の展開

　ここでは，「同和教育」の中でも，とりわけ施策として取り組まれてきた実践についてふれてみたい。そして，それぞれの取組が「何を目指し」，「どのように」取り組まれてきたか，その成果や課題はどうであったかを振り返ってみようと思う。
　ここには，短期間に成果を挙げたとされる理由と，今の教育課題の解決にもつながるヒントがあると思うからである。

1　抽出促進（指導）

　京都市内の「同和地区」を含む中学校では，抽出促進と呼ばれる授業形態がとられていた。その一つ，嘉楽中学校でも1994年度まで「抽出促進授業」が行われていた。抽出促進は原学級（本来学んでいる学級）での一斉授業では伸ばしきれていない部落の子どもの学力保障を別教室で行うもので，解放運動や，現場教員の熱意が要求して勝ち取った「同和加配教員」を生かした施策として行われてきた。
　基本的には，国語・数学・英語を中心に同和地区生徒を原学級から抽出して，1～3人程度が別室でマンツーマンに近い形で一人一人の課題に応じた進度や内容で学習を進め，最終的には原学級での学習に戻ることを目指すものであった。
　「抽出促進授業」では，子ども一人一人の課題に応じた焦点化授業ができたために「結果としての学力」を底上げする効果は確かに認められた。しかし，

「知識の一方的な教え込み」の傾向が強く，集団の中の教育的刺激や仲間との交流によって培われるであろう力などが，マンツーマン形式のために育てきれないというデメリットもあった。さらには，生徒と先生の間で，生徒が先生を頼りすぎたり，先生の側にも必要以上に与えすぎたりするという弊害も見られ，高校進学後の独り立ちしなければならなくなった時に，支えがなくなり克服しなければならない課題を自己解決できずに挫折をしてしまう例も少なからず見られた。

2 分割授業

「抽出促進授業」で見られた課題を克服するために，より効果的な教育的刺激の得られる適切な規模人数に切り替えて，小集団の中で同和地区生徒の「自立の促進」と「格差の是正」を確かなものにしようと，少人数制の分割授業へと転換が図られた。教育的刺激の面では「抽出促進授業」よりすぐれ，なおかつ「分割授業」は，一つの学級（原学級）を母集団にした等質2分割の授業形態をとるため，1クラスの人数は原学級の半分になり，生徒の発言や発表の回数は単純に倍に増えるというメリットが考えられたからである。

この方法では，人数が少ないために教師側の生徒の実態把握も原学級単位の授業よりきめ細かに行うことができた。しかし，「分割授業」にもどうしても乗り越えられない壁があった。それは，少人数制といえども，あくまでも一斉授業なので，個々の生徒の学力や細かい習熟の程度に対応しきれないということである。「抽出促進授業」の時には可能だった部落の子どもへの明確な焦点化（個別対応）も必然的に難しくなるという課題も指摘されることとなった。

そこで，対象を部落の子どものみにとどめずに，全ての子どもに視点を当てながら，部落の子どもたちの確かな「学力保障」を目指した分割授業の取組は次の段階として，「上伸下厚の観点を持ち，地区外生徒も含めた人間関係の中で切磋琢磨させよう」という理念のもと「個人選択制習熟度別分割授業」（後に詳しく述べる）という形態へと発展していくことになっていった。

3　基礎学力定着対策（責任指導体制）

1988に施策化された取組で，焦点化児童・生徒に対して学力や生活面での課題を明らかにし，具体的に「いつ」「誰が」「何（の学習）を」「どこで」行うかを計画立てて行うものであった。また，この「基礎学力定着対策事業」においては，「いつまでに」という達成時期の設定を行い，学期ごとの到達確認を行うことでより細かな目標設定や学習方法の見直しを行っていった。

2　「学習センター」での取組

先ほどは，学校において取り組まれてきた施策について述べてきた。ここでは，「学習センター」で行われてきた施策について紹介していこうと思う。そもそも，「学習センター」とは，京都市の独自の施設である。一番最初に京都市で「学習センター」が建設されたのは，1971年4月の錦林学習センターである。次いで，同年9月に楽只学習センターが建設され，その後学習室も含め14の学習センター（学習室）が建設された。形態は単独で建設されたものもあれば，隣保館（現コミュニティセンター）内に併設されたものもある。他府県にも類似した施設や取組は見られるが，その規模や取組内容において京都市の取組は傑出したものであると言える。その中でも，ここでは楽只学習センター（現楽只学習施設　愛称：ツラッティ子どもセンター）での取組を中心に何を目指して，どんな取組を行っていたか。また，その取組がどのように変化していったか，その理由はなんであったかを紹介していこうと思う。

1　補習学級と進学促進ホール

補習学級は1954年に，進学促進ホールは1963年に制度化されたことについては，すでに第1章1節で述べた。当初は中学校の校舎を使って開設されていたが，「同和地区」住民の願い，当時の学校教員の願いもあって建設された「学習センター」をその会場として，さらに取組が充実していくこととなった。

補習学級は，中学校では1，2年生を対象として月・水・木・金の4日間*，

進学促進ホールは3年生を対象に文字通り進学を目指した学習会として，月・火・水・木・金の5日間で，それぞれ教科学習を中心としつつ，次に紹介する読書指導（1，2年生）や同和問題学習といった活動を行っていた。

> ＊補習学級で火曜日が学習日となっていないのは，隣保館で活動していた「子ども会」活動が火曜日，土曜日を活動日としていたため，「子ども会」に参加できるようにということである。

　指導者は，基本的には学習センターを利用する同和地区児童・生徒が通う小・中学校の教員であるが，特に中学校の場合は必要に応じて全市から外部講師という形で応援に入ることがあった。そういう意味でも全市をあげての取組だったと言える。
　ここで特筆すべき取組として挙げられるのは，進学促進ホール開設に向けて2年生が3学期に行った「開設要求書」の作成と署名活動である。自分たちが3年生に進級し，卒業後の進路を考え始める時期に，自らの決意として「高校進学」を目指し仲間とともに頑張るという決意を「署名」を集めるという形で示し，「同和地区」内の大人たちも高校進学に向け，頑張ろうとしている中学生を「署名」という形で支援したのである。

2　読書指導（文集「なかま」）

　読書指導のねらいは，二つある。一つは，読書を通して豊かな表現力や語彙力を身につけさせること。すなわち，自らの思いを自らの言葉で語れる力を育てることであった。
　それと同時に，それぞれが書いた読書感想文を文集「なかま」としてまとめることで，子どもたちの連帯意識を高め，「同和問題」解決に向けて手を携えて活動できる集団を育てることであった。

3　同和問題学習（センター学活）

　学習センターで取り組まれた「同和問題学習」は，学校における「同和問題

指導」とは明らかに異なるねらいをもって取り組まれた。それは、「同和地区」の子どもたちによる、「同和地区」の子どもたちのための学習であったということである。

　ここでは、「同和問題」を正しく知るとともに、差別を見逃さず、差別を許さない児童・生徒を育てるといった学校における「同和問題指導」とは異なり、同和問題解決の主体者として逞しく成長するということが目指された。時には、「先行学習」として、学校での「同和問題指導」に先立って、学習内容についてお互いに話し合い、当日の学習の中で「自分自身がどのように学び、どのように発言するべきか」を考えていった。

　また、家庭訪問の中で学習のねらい、その中で身につけさせたい力を保護者と共に考え、時には児童・生徒自身が保護者の思い、祖父母の思い、地域の方の思いを聞くことで、「同和問題」に対する認識、思いを深めることを目指したのである。

4　家庭学習点検訪問

　家庭学習点検訪問（家庭学習訪問指導）は、中学1、2年生の補習学級の一環として取り組まれたものである。そもそもは、「 1 　補習学級と進学促進ホール」に紹介したように、学習センターが「学習の場」であった。しかし、家庭での学習の重要性、とりわけ学習センターでの補習学習や進学促進ホール終了後、あるいは土曜日や日曜日、休日や長期休業中の学習は、基本的には自分自身で進めていかなければならない。また、高校へ進学するなど、将来自立していったときにも「自ら学ぶ」という力は絶対に必要になってくる。こういった思いから、木曜日の補習学級を自宅での学習に移行し、教員は家庭訪問をしての学習相談を行うという形に変えていった。

　この、「自立した学習」を目指すという考え方は、学力保障の両輪（徹底した個別指導と「学んだ知識、身につけた力」を活かすこと）として常に「同和教育」の根幹に置かれていたと言える。

（萩本善三）

学習課題
- 抽出促進授業（ねらいや形態）についてまとめてみよう。
- 抽出促進授業が分割授業に変わっていった理由について研究してみよう。
- 基礎学力定着対策（責任指導体制）についてまとめてみよう。
- 学習センター（現学習施設）で行われていた施策の変遷について研究してみよう。
- 家庭学習点検訪問は何を目指して取り組まれていたのか，今の教育に活かせる視点を含めてまとめてみよう。

第4章

施策の成果と新たに生じた課題

1 「同和教育施策」の総括

　「同和教育施策による就学・進路の為の条件整備」が取組の中心であった前期に比べて1970年代後半からの後期20年間は，高校での不調・中途退学問題，大学進学率の格差を抱えながら，73年度以降4年間続いた同和地区生徒の高校進学率の落ち込み（76年度には京都市との格差が約10％まで開く）を契機とした「同和地区児童・生徒の学力向上（低学力実態の解消）」が取組の中心であった。低学力実態の克服を目指して教育内容・指導体制の充実が図られていくのである。

　まずは，77年度の「学校指導の重点」で「主体的条件の確立」が明記され，「同和地区出身者としての自覚や部落差別の現状認識（不足の自覚）を通して児童・生徒自らの学習意欲を高める」取組が始まった。この「不足の自覚認識が主体的条件の向上となり，学力向上に結びつく」という考え方は，80年代を通して同和地区児童・生徒の学力・進路保障を進める取組の動機（モチベーション）づけとなる。

　具体的な取組としては，80年度から幅広い学力の定着を目指した「すその学習」が取り組まれ，この後，基礎学力定着対策としての中学年対策・個別指導・責任指導体制などが取り組まれていくこととなる。さらに，90年度には「同和問題解決の主体者として，社会の様々な分野に進出し自らの個性と能力を発揮し，豊かな生活を築くと共にあらゆる差別をなくす人間として成長する子ども」を同和地区児童・生徒の「あるべき姿」と規定し，それまでの学力・進路保障を進める取組の基本的な考え方であった「不足の自覚認識による主体

的条件の確立」というマイナスイメージからプラス志向（あるべき姿を目指した）を目指した考え方が提起されていく。そして，翌91年度からは，「あるべき姿」の実現に向けた取組の重要な観点として「自立促進と格差是正」が示され，取組の見直しが進められていくのである。

　「同和地区児童・生徒の学力向上」に向けて教育内容・指導体制の充実が図られてきたものの，過去20年間（1977～96年）の大学進学率の平均は同和地区が25％で京都市が43％と明らかな格差が残されていた。京都市平均の6割で推移する同和地区の大学進学率，高校の中退者は3倍，中学校段階で顕著化する学力の落ち込み——「同和地区児童・生徒の低学力問題」は，解消されずに残されている。これが，約20年間（1970～90年代）の京都市における同和教育の課題と考えられる。

　また，このような状況は依然として今日的な課題でもある。

2　見えてきた課題

１　京都市内の同和地区で進む空洞化

　「京都市内12同和地区の年収別世帯比率は300万円未満の不安定層と500万円以上の安定層に二極化しており，300万円未満の不安定層は京都市の1.3倍，全国の2倍。500万円以上の安定層が占める割合は，京都市・全国と大きな差はないものの，同和地区の場合は雇用促進（選考採用職種に限定し同和地区出身者を京都市職員として積極的に雇用してきた取組）による京都市関係職員がそのほとんどを占めている」と「平成3年調査」は指摘している。「就労（所得）の二極化」である。また，この報告書では「人口減少と高齢化」が，ここ20年来の京都市の同和地区のまちづくりの大きな課題となっていることも指摘している。京都市内12地区の人口が，70年（19,058）→77年（16,581）→84年（14,075）→91年（12,590）→2000年（8,172）となり，30年間で4割強と大きく減少している。先の雇用促進で京都市関係職員となった青・壮年層世帯がそれぞれのライフスタイルに合わせ持ち家を求めて近隣に地区外流出する。その結果，子ども

の数が減少し高齢者の割合が増加したものと考えられる。「二極化（就労・収入）を繰り返しながらの空洞化（人口減少）の進行」——京都市内の同和地区の今日的状況である。したがって，同和地区児童・生徒数の減少問題も深刻である。同和教育方針が策定された64年度の京都市内の小中学校に在籍していた児童・生徒数が154,780人，同和地区児童・生徒は4,044人で2.6％を占めていたものの，10年後の74年度（2,551／155,508・1.6％）→84年度（1,961／181,319・1.08％）→94年度（1,327／121,468・1.09％）→95年度（1,260／118,236・1.07％）→96年度（1,214／114,398・1.06％）となっており，30年間（1964～94年）の同和地区児童生徒の減少は京都市の2倍以上のスピードで進行している。

94年度の同和地区児童・生徒数は1,327名，95年度は1,260名，96年度は1,214名となっているが，同和地区児童・生徒数については同和校に在籍する同和地区（出身）児童・生徒数であり，実際に同和地区内に居住している小・中学生はそれぞれ6割程度と考えられる。したがって94年度の同和地区内居住児童・生徒については約800名と想定され，京都市内の小中学校に在籍している児童・生徒数の0.7％となる。したがってここ30年間（1964～94年）で同和地区内に居住している児童・生徒は1/5となり，減少率は，京都市の約4倍のスピードで進行してきたと考えられる。

京都市内の同和地区人口は91年度以降さらに大幅に減少している。2000年では8,172人となり，およそ10年で2/3に減少している。また，2000年度の同和地区児童・生徒数は939名で95年からの5年間で3/4に減少している。

90年代半ば以降の10年間も大幅な人口減少（空洞化）が進行している。先述の「二極化」は「雇用促進の廃止」などを受けて，就労・収入不安定層の極の増大へと特化しているのではないかと予想される。

［2］ 千本で進む空洞化と貧困化

◉地区外居住児童・生徒と流出

従来，千本児童・生徒（学校・行政サイドからいえば，「施策対象児童・生徒」）といえば，「千本に居住している児童・生徒」，別の言い方をすれば「千本の改

良住宅に居住する児童・生徒」であると，誰もが考えていた。「地区と全く縁を切る」形で遠方へ転出した世帯の場合，小中学校に通う子どもがいても，「千本の児童・生徒」と捉えられることはなかった。

　しかし，千本の住環境改善事業がほぼ完了した80年代半ば以降，周辺地域に持ち家を購入するなどして地区外へと転出する世帯が目立ち始めた。そして，地区外から従来通りの学校に通う「千本の児童・生徒」が出始め，90年代にはそれが増加し，割合として無視できなくなる。

　千本における「地区外居住児童・生徒」とは「80年代半ば以降に千本周辺に持ち家を購入し地区外流出した世帯（多くが京都市関係職員）の同和校に通う児童・生徒」のことである。

　オールロマンス事件を画期として本格的に取り組まれてきた京都市の同和行政には，同和地区を流動性の少ない，停滞的な地域とする考え方が根底にある。したがって，同和行政の主たる対象である「同和地区住民」をもっとも的確に把握し，格差是正と低位性の克服を主眼とした施策を効果的に実施するものとして，「属地属人」という手法がとられてきた。地元運動団体においても，組織化の基準は同じであった。地区外へ転居することは，事実上「地区から逃げる・差別から逃げる」こととみなされていた。実際，「遠く離れて住めば差別されないのでは」と考え，地区との一切の関係を絶つ人も珍しくはなかった。

　こうした「地区外に居住する同和地区児童・生徒」の増加は，「地区外へ転出しても地区内と同様の関係を保ちたい」という人が増えているということであり，つまりは同和問題解決をめざした活動に参加する人が増えているということができる。これらの世帯の多くは，京都市関係職員のいる世帯であり，これまでの取組が就労と所得の安定に大きな成果を上げてきていることを示している。

◉地区内居住児童・生徒と流入

　京都市の住環境改善事業は，同和地区内に住宅地区改良事業区域（改良ネット）を指定し，その区域内にある不良住宅を買収・除却，そしてその事業で住

宅を失う住民が居住する改良（公営）住宅を建設するという手法で進められてきた。いわゆるスクラップアンドビルドである。

　京都市の事業を特徴づけるのは，前述した「属地属人」の基準の厳格な適用である（大阪などでは，事業の本格化が京都より遅いこと，都市化の波によって混住が進行していたことなどにより，基本的に「属地」を軸とした事業が行われている）。東京や大阪など都市部の同和地区には，戦前から貧困者が地区内あるいは周辺に流入しスラムを形成するという傾向が見られたが，京都の場合も例外ではなかった。また，渡日してきた朝鮮人が同和地区に住むことも多かった。京都の同和地区の場合，戦前から水平社運動だけでなく融和団体などさまざまな住民組織や自治会が作られて地区全体への強いリーダーシップを有しており，そこが事業の受け皿となるという慣行ができあがっていたが，その中心にいた人々には「外部からの流入者が地区を不安定にしている」という考え方が強くあった。したがって，1953年に竣工した錦林地区に始まる改良住宅の建設にあたっては，「地区指定を行い属地属人で事業展開することにより短期間のうちに安い予算で最大の事業効果をあげる」ため，外部からの流入をシャットアウトすることが意識的に行われた。韓国・朝鮮籍住民が事業対象から除外されたのも，それによるところが大きい。

　千本では，1958年の第1棟の建設を皮切りに，約20年（70年代後半）で524戸の公営住宅と隣保館・浴場・診療所などの各種施設を建設し，オールクリアランスという改良事業の所期の目的は達成され，事業は完了する。

　改良事業が早くから取り組まれた養正・錦林・壬生・三条地区では，70年代後半から80年代にかけて大幅な人口減少が進んでいたが，千本でも事業終了から10年ほど経過した80年代後半から，人口減少が起き始める。最大の要因は，先述した京都市関係職員の地区外流出である。90年代に入ると，「地区外流出による人口減少問題」は，京都市内の全同和地区の共通した課題となり運動・行政を問わずさまざまな場所で議論され，「80～90年代を通した市内同和地区のまちづくりにおける最大の問題」との認識がなされるようになった。しかし，問題はそこだけにあるのではない。

「属地属人」を基準とした事業実施によって，外部からの不安定要因の同和地区への流入は防いできたはずだった。しかしながら，実際にはこうした「リターン流入」が存在・増加しており，改良事業完了後の同和地区の新たな問題となってきている。従来は，こうしたケースがあっても，「同和地区のあたたかさ・くらしやすさ」と評価する傾向が強かったように思う。しかし，その数が地区内居住児童・生徒の3割以上にもなっているという事態は，偶発事ではなく，ひとつのトレンドとして，今日の同和問題把握の重点として押さえなくてはならない。

　以上をまとめると，「同和地区児童・生徒の低学力問題（中学校で顕著化する学力の落ち込み，高校での不調・中途退学問題，京都市平均の約6割で推移する同和地区生徒の大学進学率）」とは，生活の困難・不安定を抱えて同和地区に残留・流入している世帯の児童・生徒に集中的に表れている問題であることがわかる。

　同和対策事業が進展した70年代から80年代に同和地区内で所得と生活の安定する層が増加（主として京都市関係職員）し，安定層がさらなる生活の向上と自己実現を求めて80年代半ば以降，地区外に持ち家を購入して流出するという状況を生んだのである。このことは，教育現場において大量の数の「同和地区の外に居住する児童・生徒の出現」となって現れることとなった。

　しかし，それらの施策が十分に機能しなかった層，フォローできなかった層も確かに存在しており，地区内で暮らすのは高齢者や所得や生活の不安定を抱えた人々（主として非京都市関係職員）という傾向が強まっていた。そうした「残留」に加えて，いったん地区外へ出た後，何らかの生活の困難を抱えて地区内へ戻るという「リターン流入」現象が90年代に入って顕著になってきていた。

　京都市では同和地区を流動性の少ない，停滞的な地域と捉え，「属地属人」という基準で外部からの「不安定要因」の流入を防ぎつつ，格差是正と低位性の克服を主眼とした施策を集中的に投下してきた。そして，それが目に見える成果をあげるようになると，生活安定層が地区外へと流出し，生活不安定層が残留・流入するという流動化が，同和地区で起きてきたのである。

第4章　施策の成果と新たに生じた課題

　千本の実態とそれから推定される全市の同和地区の流動状況をどう見るのかが，カギであった。従来の同和問題の捉え方・解決への取組の中身と手法の継続だけでは，その流れ（生活安定層の地区外流出と生活不安定層の残留・流入）に棹さすのみである。だからといって，生活安定層の増加と地区外への転出のみをもって「同和問題が解決しつつある」とし，進行しつつあるコミュニティの崩壊と貧困化の進行を軽視するならば，同和地区は再び「貧困（と低学力児童・生徒）の集積地」となり，差別の温存・拡大という状況を招くであろう。そうなれば，オールロマンス事件以来，いや，戦前以来投下してきたばく大な費用と無数の人々の努力はいったい何であったのかということになりかねない。

　今後同和地区に対して，これまで「シャットアウトしてきた」外部から何を流入させるのか（あるいは導入するのか），何を残すのか。問題はこう立てられなくてはならないと考えられる。

　同和教育においても同じことが言える。同和問題解決をめざした教育の取組とは，明治期以来の長きにわたって，不就学対策／就学援助として展開されてきた。いち早くそれにめどをつけた京都市においては，64年の「同和教育方針」において「学力向上」を打ち出し，70年代初頭には同和地区生徒の高校進学率を全市と肩を並べる90％にまで到達させた。

　1996年の京都市同和問題懇談会意見具申でも，「小学校段階における10段階評定などの数字に表れる学力や高校進学率が，全市の状況とほとんど格差が見られなくなるなど，子どもたちの実態は大きく改善されてきている」が，「中学校段階になると10段階評定の平均が標準値に達していないように，学年が進むにつれて学力分布が低学力層に偏る傾向にある。こうした学力の問題から，公私比率に特に顕著に現れている志望校以外への高校進学の実態や，これに起因する高校中退率の高さ，さらに，大学進学率の低さなどに課題が見られる」と述べているが，ここに挙げられている課題とは，先述したように生活の困難・不安定を抱えて同和地区に残留・流入している世帯の児童・生徒に集中的に現れている課題であった。

3　同和教育の普遍化を目指して

　先のような課題に対して,「千本地区教育推進協議会」は1995年度に「学習センターの将来展望プロジェクト」(以下, Gプロ) を組織した。

　Gプロの使命は, 補習学級が施策として取り組まれて47年, 楽只学習センターが建設されて30年が経過したにもかかわらず, 多くの人の取組や願いとは裏腹に「学力格差」の問題が解決しないのはなぜか。センター学習は学力上位層からはあてにされず, 最も必要としている層に対しても有効に機能していないのではないか。なお残る学力格差の問題を解決するための取組の視点や具体的な方法, さらには部落問題の解決を目指し推し進めていける人材育成をどう進めるべきか等を考えることであった。

　すなわち, 同和教育を特別な取組や施策だけに押しとどめず, これまで培ってきた成果を受け継ぎつつ理念の普遍化を目指した。千本の子どもたちが通う4小中学校のすべての児童・生徒に対する教育のあり様を考える中から同和地区児童・生徒に対する学力保障を進めていくことが求められているという地元と4校の共通認識のもとでGプロの活動が始まったのである。

　1年目は, 地区児童・生徒の調査に取り組む中から,「部落が総じて低位で劣悪である」というかつての実態がどう変化してきているのかが分析された。そして, 2年目には,「学習する力を育てるためのアンケート調査」を実施し, 意識面や具体的な学習の仕方, さらには将来展望などについての調査・分析が行われた。さらには将来展望などについての調査・分析も行われた。この中で, 同和地区外生徒と地区生徒の間には明らかな学力格差 (同和地区児童・生徒の低学力実態) が存在するという従来からの指摘が明らかになった。そして, 何よりこの学力格差は「地区児童・生徒の地区内・外居住と千本に起こっている新たな課題と密接に関連している」ことが明らかとなったのである。

　以上のようなGプロの2年にわたる活動を踏まえて, 本来校の学習活動の中で学力・進路保障の取組がすべての児童・生徒に有効に機能するようこれま

での同和教育の成果の普遍化を図ることを前提に「楽只学習センターを4校児童・生徒の地域教育センターとして機能させるための取組をセンター学習で行う」すなわち，学習センターの共同利用が1997年のサマースクール（夏のセンター学習）で始まった。

学習センターは，70～80年代にかけて「学校や隣保館にかわる進学促進ホールや補習など同和教育施策の投下拠点として京都市内の同和地区に建設された」として，利用者は施策の対象者である同和地区の子どものみとなっていた。したがって，これまで図書室の共同利用以外の理由で同和地区外の子どもが学習センターに足を踏み入れることなど崇仁学習センターを除く京都市内14の学習センターや学習室では皆無であった。この取組以降，学習センターを地域教育・人権教育の拠点につくりかえるための試み，すなわち同和教育の普遍化に向けた取組がようやく始まることとなった。

（後藤　直）

(学習課題)
○　1970～90年代の京都市における同和教育の中心的課題について，まとめてみよう。
○　1990年代からの，京都市内の同和地区における人口動向にみられる課題をまとめてみよう。
○　その人口動向が，子どもの学力に与える影響について，研究してみよう。
○　千本地域で起こった，新たな教育を創造する組織（Gプロ）の取組をまとめてみよう。

第 5 章

まちづくり運動と同和教育

1 まちづくりはひとづくり

「まちづくり」「ひとづくり」と表記しているのは，千本地域（千本部落を含む周辺地域）で30年来，取り組まれている部落解放研究北区集会（現きたけんまちづくり集会 以下，北研）の研究冊子より引用していることによる。漢字で「町」「街」または「人」と表すよりも，前者は建物，道路，設備，町並み等のハードだけでなく，住む人の暮らしやコミュニティ等のソフトの意味を，後者は生物学的な人間の存在だけでなく，人間関係やマンパワー等の内面やそこから表出されるもの等の意味を，それぞれ強くもたせることになる。

　北研におけるさまざまな取組は，千本地域の教育の教育と密接に関連しているので，研究集会の経緯や内容について補足する。北研は，1972年に第1回集会が開催されている。その背景には，部落解放全国研究集会が5回目，また京都市研究集会が3回目を迎えたという，地域集会勃興の機運の高まりがあった。また，改良住宅建設による千本部落の変容や，学力・進路保障のための補習学級・進学促進ホール等の取組は，周辺地域住民から，その目的や実践が正しく理解されず予断と偏見の目で捉えられているという実態もあった。同和問題解決に向かうための当時の課題として，千本部落や千本4校が，地元や保護者の思い，学校関係者の願いを正しく伝え，周辺地域住民と協力・連携していくことが必要とされていた。そこで，「部落問題に対する正しい理解を図る」ことを目的とし，「部落問題を地域ぐるみの課題に」というスローガンを掲げて，第1回集会が行われたのである。以降，三十有余年にわたり，継続されてきた

が，節目となった時期は，第15回（1987年）と第21回（1992年）の時である。第15回では，部落差別の解消を機軸に，あらゆる差別を解消し，人権尊重の気運を高める「反差別の連帯・人権尊重の行動の輪の拡大」を図る動きを展開した。そして，第21回にそれまでの運動の方向性を同和地区から発信するまちづくり運動へと転換していったのである。

　まちづくりをメインスローガンに盛り込んだ第21回の研究冊子の基調には，「わたしたちがめざす『まち』，そこには人がいます。生活（くらし）があります。そして，何よりも人間らしさがあります。そんな『まち』は人をそだて，人は『まち』をつくります」という一節がある。また第22回冊子には，「わたしたちのまち　ゆたかなふれあいのまち　やさしさのまち。このスローガンは，『町づくりは人づくり』『人づくりは町づくり』という基本的な考え方を，誰もが取り組める形で表そうとしたものです」という表記もある。以降，若干の表現は変容するものの一貫して，まちづくりをスローガンの柱に据えた集会運営が第33回まで（2004年10月現在）進められていった。

　一方，60年代から80年代にかけて，格差を是正し低位性を克服するために，住環境改善事業や教育，仕事の保障をかちとる行政闘争を展開してきた地元の運動も，90年代に入って方向転換することになる。その契機となったのは，初期に建てられた改良住宅が建替の時期を迎えたことである。第4章2節で示したように当時，千本地域では，働き盛りの所得安定層の地区外流出を要因とした，部落の空洞化や地区住民にみられる所得の二極化等が新たな課題とされていた。そこでこのような諸課題の解決を目指し，これまでの運動を総括した新しいまちづくりを推し進める実践の一つとして建替を行うべきだと考えられたのである。その具体的な取組を担う組織として，千本ふるさと共生自治運営委員会（以下，じうん）が1993年5月に発足した。

　このように，90年代に入った千本地域では，北研とじうんの活動において，同和問題の解決を目指す運動が，まちづくりをキーワードに進められることになったのである。そして，そのまちづくりは，先述したように，教育・子育てを包含するひとづくりという取組と密接に関連して進めることが重要とされた。

2 「格差是正」から共に伸びる教育へ

　第2章2節でも述べたように，京都市の同和教育は，1964年の同和教育方針が策定されて以来，同和地区児童・生徒と同和地区外児童・生徒との学力の格差を是正し，同和地区児童・生徒の学力向上と進路保障を実現する取組を全面展開してきたといっても過言ではない。その具体的な実践に，進学促進ホール，補習学級（教育現場では「センター学習」），高校生学習会等，同和教育施策として取り組まれた多くの教育活動がある。それらの実践には，高校進学率の向上にみられる多大な成果が認められる一方で，高校進学内容，高校非卒業率，大学進学率等における格差という課題が残っていることも同様に述べてきた。

　「特別措置法に基づく同和教育施策による成果を土台に，残された課題を解決する新たな取組が必要である。」という総括のもと次なる段階へ進むことが，教育の分野でも求められているのである。それは，1節で触れた部落問題解決を目指す運動が，それまでの取組の総括のもと新しい運動に転換していった流れと同様の動きと言える。

　教育の分野でそのような新しい方向性を示した千本地域の取組は，第4章3節で述べたGプロの提言である。その中で，「学習センターでの取組を部落の子どもに限定せず，または部落内外を問わず」という表現で，すべての子どもに広げることの必要性を提案している。これが地対財特法の1997年期限切れの前である。そして，千本地域では1996年に楽只小学校で，夏休みのセンター宿泊野外活動の取組を皮切りに，97年に楽只・鷹峯小学校合同センター学習，続いて98年に嘉楽・旭丘中学校合同センター学習が，すべての児童・生徒対象に取り組まれていくのである。

　京都市全体の学習センターのあり方は，2000年から変わり始めている。京都市内には，14カ所の地域に学習センターがある。学習センターの設立の経過や事業について京都市教育委員会発行の「同和教育の概要」「指導の重点」に示されている。2000年度の指導の重点「同和教育」の重点目標の解説に「（略）

同和地区外児童・生徒との相互刺激・切磋琢磨の観点に立った取組を推進し，(略) 学習センターにおいては，設立の意義や取組の経過を踏まえ，周辺地域に開かれた学習の施設として，多様な学習や活動を推進していくことが必要である」と示されて，各地域実態に合わせて学習センターの共同利用が始められた。繰り返すが，千本地域でＧプロの提言が示されたのは97年3月である。指導の重点には，98年度の時点で「同和地区児童・生徒のあるべき姿を実現するためには，(略) 同和問題解決に向けた実践的態度の基礎を培う『自立の促進』と，学力・進路の実態に表れている全市水準との『格差の是正』が必要である」と表されている。このことからも，千本地域の取組が，学習センターにおける教育活動を中心に，「格差を是正する取組」から「同和地区児童・生徒と同和地区外児童・生徒が共に学び，共に伸びる取組」への変革の動きを，京都市全体に波及させていったことが分かる。

3　地域教育としての同和教育

　法期限，同和教育，人権教育の関連を指導の重点の表記に基づき，京都市の方針を捉え直してみる。97年度（法が切れ，経過措置期間の初年度）までの指導の重点には，同和教育の重点目標として「同和問題の解決を目指し，同和地区児童・生徒のあるべき姿を実現する。(略)」，重点課題として「同和地区児童・生徒一人一人の課題を的確に把握し，子供が自らの課題を主体的に解決することを基本にすえ，個々の達成度に応じて『上伸下厚』の観点に立った必要な支援を行う。(略)」といった同和地区児童・生徒への直接的な取組の推進を示す表現が中心になっている。それが98年度には，重点目標として「(略) 同和教育の改革を進めるとともに，その成果を普遍化する」という表現が付記され，重点課題として「同和地区児童・生徒が自らの課題を主体的に解決することを基本にすえ，同和地区外児童・生徒と切磋琢磨することによって課題の解決に迫れるよう，必要な支援を行う。(略)」という文言で，同和教育の広がりや地区外児童・生徒との交流・協働を進める方向性が示され始めている。そし

て99年度に，重点目標として「人権教育の重要な柱としての同和教育の推進」と謳われ，解説で「(略) 同和教育の改革を進めるとともに，人権教育の視点に立って，その成果を普遍化し，特別対策によらない新たな取組を創造していく必要がある。」と具現化の方途が明示されている (2000・01年度も同様)。そして5年の経過措置期間終了後の02年度に京都市教育委員会は「学校における人権教育をすすめるにあたって」(99年度に試案を発刊) という冊子を発刊した。その中で「本市の学校教育は，子どもたち一人ひとりの人権を尊重する豊かな伝統をもっている。戦後，大きく展開した同和教育の取組は，(略) 本市の学校における人権教育推進の先導的役割を果たしてきた。(略) 長年にわたり培われてきた同和教育の理念と取組は，(略) 外国人教育や男女平等教育など様々な人権問題の解決を目指す取組を推進させるとともに，(略)。さらにその理念と取組は平成11年度から，「今を生き，次代を拓く力の育成―豊かな人権感覚を育み，個が生きる進路の実現を目指して―」として『指導の重点』の最高目標に引き継がれ，現在すべての学校において普遍化した取組がすすめられているところである。」という記述があり，同年度の指導の重点にも適用された。これらの文面から，京都市は，長年，推進してきた同和教育の理念と取組が，さまざまな人権問題を解決する取組へ波及し，子どもの人権をめぐる現代的課題に対する取組にも直結するとともに，現在の教育の根幹をなすものとして普遍化され取り組まれている，と位置づけていることが分かる。そしてこのような作業が97年3月以降，法切れ及び経過措置期間の流れの中で行われたのである。(上記の「指導の重点」は，今や「学校教育の重点」として，教職員のみならず，保護者にも配布されている。)

　京都市の同和教育の位置づけに関して，法期限をめぐる一連の動きは以上のような内容である。それに対し，先述したように千本地域の教育の取組は，法切れを見通した形で進められ，それまでの同和教育実践の枠組みを大きく変えていった。そして，さらにその取組を確立し，発展させるために見出したのは地域教育の概念である。同和問題解決への取組は，同対審答申の前文にあるように「その早急な解決こそ国の責務であり，国民的課題である」のが基本であ

り，市民啓発のスローガンにみる「市民一人一人の課題」なのは間違いない。しかし，一方で具体的な行政や教育の取組においては，地域問題としての要素が強い。全国の同和地区数の3/4は近畿以西の地域に存在（同対審基礎調査，1962年）しており，その中でも府県，市町村によって実態はさまざまであるのはいうまでもない。在日コリアンに対する差別問題にしても同じ要素がある。1989年の統計で約68万人である在日韓国・朝鮮人が1945年の解放時には，200万人に上っていた。その直後の分布をみてみると（1945～46年政府人口調査），全国で1番目と3番目に多い府県のある近畿地方に全国の在日朝鮮人の1/3が住んでいた。あるいはアイヌ差別問題，沖縄差別，島差別の問題等の状況をみても，地域問題としての要素が非常に強いことは想像に難くない。

　このように日本におけるマイノリティの人権問題は，地域問題として捉えられる場合が多くあり，この地域問題を解決するための教育の取組が重要であると考えられる。もう少し焦点を絞って，京都市の実態でこのことを考えてみよう。京都市内の歴史的に被差別部落とされた地域は21地区で京都市全行政区に存在しているが，行政的に同和地区指定された地域は，12地区で10行政区に位置している。21地区のうち，行政や教育の取組の拠点となる隣保館や学習センターがない未顕現地区は6地区である。校区に同和地区を含む学校は，小学校22校（うち未顕現6校，全市小学校数180校），中学校18校（うち未顕現校5校，全市中学校数79校）である。また，京都市内の外国人登録者のうち韓国・朝鮮籍の人数は31,107人であるが，最も多い行政区と少ない行政区との間には9倍強の開きがある。このような状況の下，生起する課題に対しての具体的な取組に地域ごとの特性が生じてくるのは当然だと言える。この地域間の違いは，差別解消・人権尊重の取組は特定の地域で取り組み，それ以外の地域では必要がないという意味ではなく，その進められている取組の理念と成果を，他の地域へ伝え広げていくという観点で捉えることが重要だ。この観点で進める教育運動が，同和教育，人権教育を地域教育として進めるという考え方の基本なのである。

　京都市教育委員会は地域教育専門主事室発行の「京都の地域教育―地域と結ばれた学校づくりのススメ」に次のような記述をして，地域教育についての考

え方を示している。それは「地域教育は子どもが地域を再認識することを出発点とし，地域を愛し，地域の一員としてよりよく行動することができる子どもを育成する教育であるとともに，教育活動を地域の人々とともに進めることにより，『地域の子どもは地域で育てる』という意識を地域に培う教育である。」という概念である。また，具体的なねらいや内容について，「地域の一員としての自覚と態度を育む─『地域を学ぶ』『地域で学ぶ』」「地域全体で子育てをする機運を醸成する─『地域と作る』『地域が作る』」「地域の教育的機能を活性化し教育力を高める─『地域と学ぶ』『地域が学ぶ』」の３点を挙げている。そして上記冊子第２巻「京都の地域教育Ⅱ─地域と結ばれた学校づくり」では「地域教育とは，地域を知り，地域の一員としてよりよく行動できる子どもを育てる教育活動であり，同時に地域の人々が，ともに活動し，『地域の子どもは地域で育てる』という意識を培う営みである」とまとめている。このような内容は，もともと96年からの中央教育審議会答申による「生きる力」を「(地域に) 開かれた学校づくり」を進めながら育てることを主眼に置いた，今教育改革の流れの中で，確立してきたものであるが，京都市ではさらに「地域と結ばれた学校づくり」が重要であることを強調している。

　国や京都市レベルで，地域教育に関する方向性が示されている一方で，千本地域では独自の動きで，同和教育を人権教育の柱として確立するための取組を，地域教育として進めようとしている。千本地域で同和問題・人権問題の解決をめざし，地域教育の取組を充実させようと考えている具体的なエリアは，千本部落をはじめ，千本４校の校区であり，周辺にある教育・福祉の関連機関・施設を結ぶ範囲（図5-1）である。この地域には，佛教大学をはじめ，京都朝鮮第三初級学校（以下，第三初級学校），京都府立盲学校（幼・小学部，中・高等部，以下，盲学校），楽只保育所（乳・幼），楽只児童館の教育・子育て機関に加えて，小規模通所授産施設「アイアイハウス」，高齢者福祉施設「紫野」，視覚障害者福祉施設「京都ライトハウス」，社会福祉法人京都市障害児福祉協会，小規模作業所「ワークショップ・コスモス」，フリースペース「ハルハウス」等が集まっている。まさに人権を基盤にした教育・福祉の取組が地域に自然に定着す

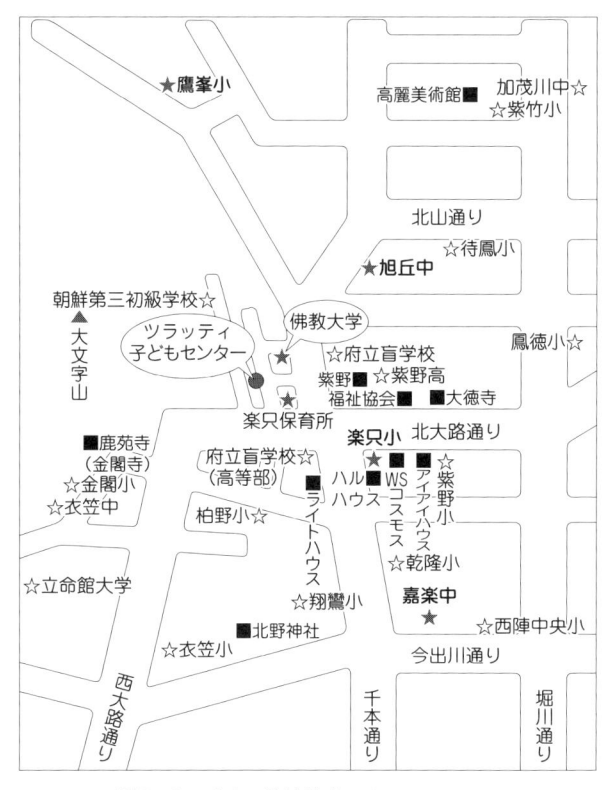

図5-1　千本の地域教育エリア

る町並みを形成しているのである。同和地区の人，身体に障害のある人，在日コリアンが生活するこのまちで，高齢者，子ども，若者，すべての人がふれあい，ゆたかな関係性を取り結ぶことで，差別の問題を考え，人権を尊重する風土が育まれる，このような考えのもとに千本地域では新たな教育活動が進められている。そしてその教育実践を支え，促進する教育ネットワークが形成されている。

　次項では，同和教育の成果を普遍化し人権教育の柱として位置づいた新たな取組が，地域教育を基盤として創造的に展開されている実践例を紹介していく。

（井川　勝）

4 今,千本で取り組まれていること

1 学力保障をめざして——個人選択制習熟度別分割授業——

　基礎・基本の定着に向け,個に応じた教育の方法として,「習熟の程度に応じた指導方法」は,今では全国的にも広がりをみせている。ここでは,「Gプロ」からの提言を受けた嘉楽中学での取組を紹介する。嘉楽中学校において,「個人選択制習熟度別分割授業」が実践されたのは,1998年度である。すでに,7年目を迎えた取組である（2004年度現在）。嘉楽中学校で行っている「個人選択制習熟度別分割授業」とは,習熟度の程度を基本としつつも,学習者個人の希望による選択方法で,学級集団より少人数の集団により焦点化をはかって行う授業である。

◉「個人選択制習熟度別分割授業」の学習指導上のねらい

　まず,嘉楽中学校では,「個人選択制習熟度別分割授業」を行うにあたって,「個を重視し,価値の多様性へ対応できる」教育方法の一つとして,以下の2点のねらいを設定した。

　① すべての生徒に最低限必要な基礎的・基本的内容を定着させるために理解の程度をそろえ,より焦点化した教育活動を展開する。

　② 一人一人の生徒が,興味・関心・意欲にもとづき,自ら設定した課題を解決することによって,より幅広い学習活動を行えるようにする。

「個人選択制習熟度別分割授業」は,普通授業の中で「一人一人の生徒に対し,個に応じた能力の伸長をはかること」,すなわち「すべての生徒に必要な基礎的・基本的内容の定着をはかることともに,伸びることのできる生徒の可能性を追求させる機会をつくる」ことを目指す指導方法の改善である。

◉同和教育における学力保障の方途の変遷

　嘉楽中学校で1998年度まで行ってきた同和教育の一環としての学力保障の方

途の変遷を簡単に振り返ってみたい。
(1)「抽出促進授業」の時代

　「『不足の自覚』の認識が『主体的条件の確立』につながり，学力向上に結びつく」という状況のもと，1994年度まで「抽出促進授業」を実施していた。その頃は，総じて同和地区生徒には「学力の本質的格差」が存在するという立場に立って，原学級の一斉授業では伸ばし切れていない同和地区生徒の学力保障を別教室で行うという取組を行ってきた。「抽出促進授業」では，個別の課題に応じた授業を展開できたために，結果としての学力を底上げする効果を得ることはできた。その結果，生徒は一定の進路実現を達成することができたと言える。しかしながら，この取組では，知識の教え込みの傾向が強く，自ら学習していこうとする姿勢を育てるには弱い面があった。このことは，高校進学後の不調などに表れていた。

(2)「等質分割授業」への転換

　そこで，1995年から，少人数で行う「分割授業」へと転換した。「分割授業」では，一つの学級（30～40名の原学級）を母集団にした等質2分割（学力に偏りがないように2分割する）の授業形態をとるために，1クラスの人数は原学級の半分になり，原学級単位で行われる授業よりも生徒の授業への参加は濃いものとなる。指導者側の生徒の実態把握も詳細に行え，きめ細かい指導も可能となったのである。この「等質分割授業」は，「抽出促進授業」に比べ同和地区生徒の受ける教育的刺激に効果は得られたが，一斉授業であるため，同和地区生徒をはじめとする個々の生徒の学力格差に十分に対応するには至らなかった。教育的刺激と焦点化の両立が課題となったのである。

◎「個人選択制習熟度別分割授業」の実施に向けて

　地対財特法が失効し，経過措置期間中である1998年，Gプロの提言を受け，嘉楽中学校では「学習センターの改革」を行うと同時に，「学校教育改革」を推進していくことになる。そして，「個人選択制習熟度別分割授業」は，2002年度から始まる総合的な学習の時間にむけての試行などと同様に，「学校教育

改革」の一環としてスタートさせる。

(1) Gプロの調査結果から

　Gプロの調査から、同和地区生徒と同和地区外生徒の間には、「同和地区生徒の学力はおしなべて低位である」という実態ではないものの、校内の10段階では、明らかな学力格差が今もなお存在することが裏付けられた。同和地区生徒の学力実態が二極化しているというデータが明確に示された（図5-2のグラフは1998年度の千本2中学校の同和地区生徒の校内五教科の平均10段階である）。

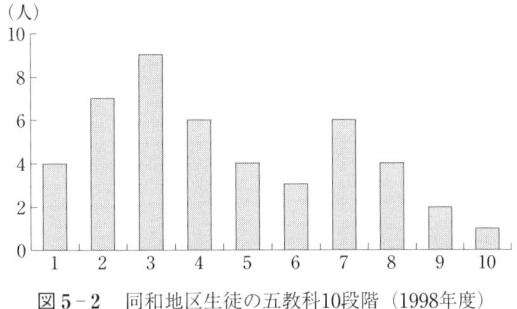

図5-2　同和地区生徒の五教科10段階（1998年度）

　一般的には、生徒間に理解度や定着度の差異が存在し、さまざまな学習結果が表れ、学年ごとの学力分析（10段階）をすれば、正規分布として表れる。しかしながら、同和地区生徒の学力実態をみた場合、このような正規分布はでない二極化の学力実態がみられた。そこには、同和地区生徒の正規分布にならない低位といえる学力実態と地区外生徒の学力実態の間には「本質的格差」が存在していることがわかった。

(2) 「学習センターの改革」と「学校教育改革」

　Gプロの提言を受け、嘉楽中学校では「同和地区生徒のみを対象にした教科の補完だけを目的にした学習は行わない」という方針を、打ち出した。しかしながら、未だ存在する同和地区生徒の学力実態と「本質的格差」を、もし学習センターで同和地区生徒のみを対象にした教科の補完だけを目的にした学習は行わないのなら、その格差はどこで解消していくのかという大きな問題に直面することになる。そこで、嘉楽中学校では、「学校教育改革なくして、センター学習の改革はない」という考え方のもと、「基礎・基本的な学力保障は本来校の普通授業の中で確実に行っていく」という方針を確認し、学校教育改革をすすめることになった。

◉「個人選択制習熟度別分割授業」の目指すもの
(1) 一人一人を大切にする普通授業の創造
　同和地区生徒と同和地区外生徒との学力実態に本質的格差がある以上，同和地区生徒を焦点化するのは，当然である。これは，同和問題が完全に解決しない限り，変わらないことである。しかしながら，かつてのように「同和地区生徒の学力はおしなべて低位にある」とは言えなくなった今日，すべての同和地区生徒＝焦点化生徒とは言えない。これからは，同和教育の普遍化，人権教育の創造という立場に立って，同和地区生徒を含む本当に必要な生徒に焦点をあてていくということが重要であると考える。これは，生徒一人一人の焦点化であり，一人一人を大切にするという今まで言われてきた同和教育の理念の実践にほかならない。
(2) 形式的平等から実質的平等へ
　「個人選択制習熟度別分割授業」は，「すべての生徒に同じ学習内容を保障する」という形式的平等から，「すべての生徒に応じた学習内容を保障する」という実質的平等へと転換を図り，さらに結果の平等を目指す取組の一つである。能力の選別ではなく，今までの授業での"みんなに同じ内容を"ということにとらわれず，実質的平等を目指した明確な焦点化および個別化を目指したものである。
　「個人選択制習熟度別分割授業」では，自己の学力分析をもとに，習熟度の違いによって設定された複数の授業（コース）の中から，生徒の自分の意志により自分の能力にあった授業（コース）を選択する。つまり，生徒は，自分の力を知り，自分のつまずきを分析し，自分の意志で課題を解決していくのである。当然，指導者側も正確な学力実態の把握が必要になり，より焦点化しなければならない。これにより，以前の分割授業で困難であった生徒への焦点化がより明確にでき，生徒自ら学ぼうとする姿勢が生み出され，結果として格差の是正が図れると考えたのである。

第5章　まちづくり運動と同和教育

◉「個人選択制習熟度別分割授業」の取組

　最後に、「個人選択制習熟度別分割授業」の具体的な実践について、国語科・数学科・英語科のうち数学科を例にあげ紹介する。

〈数学科の実践例〉

(1) 取組の概要

　2年生週3時間の時間数すべてを、いわゆる習熟度別分割授業の形態で行っている。分割の形態としては1クラスを2分割する形をとり、また基礎コースの人数は10人を目安としている。

年間計画

	5月		9月		11月		1月	
等質分割授業	プレテスト	習熟度別授業	プレテスト	習熟度別授業	プレテスト	習熟度別授業	プレテスト	習熟度別授業

　生徒が途中でコース変更ができるように、年間4回のコース変更の機会を設けている。

「個人選択制習熟度別分割授業」（数学科）の指導の流れ

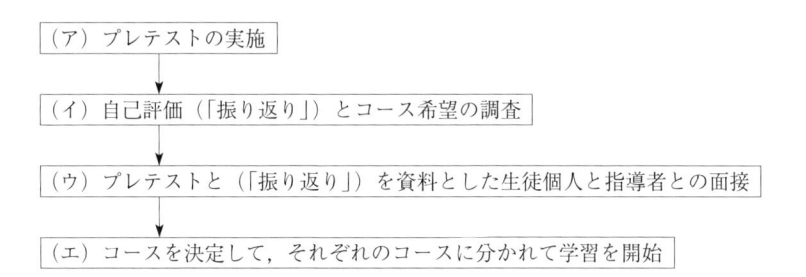

```
(ア) プレテストの実施
   ↓
(イ) 自己評価（「振り返り」）とコース希望の調査
   ↓
(ウ) プレテストと（「振り返り」）を資料とした生徒個人と指導者との面接
   ↓
(エ) コースを決定して、それぞれのコースに分かれて学習を開始
```

　最初に、自己分析テスト（プレテスト）を行う。そしてその結果と自己評価（振り返り）を参考に、本人と教科担当が個別面談を行い、以下のどちらかのコースを選択していく。

49

> 基礎コース＝ベーシックコース…目標を十分に達成していない生徒を想定したコースで，不十分な点を補いつつ，精選した教材で学習内容の定着をはかる。
> 標準コース＝マスターコース…目標をほぼ達成している生徒を想定したコースで，さらに発展的・課題学習的な学習内容に取り組む。

　コースについては，面談において，指導者の助言のもとに，あくまでも生徒自身が選択し，決定する。また教材及び進度はコースによって異なるが，テストは両方のコースで学習した内容に限定し，その到達度を確かめている。

　数学科においては，「授業で何をどこまで扱うのか」というミニマム教材について論議している。つまり，「個人選択制習熟度別分割授業」を実施するにあたって，単に分割した形態で授業を行うのではなく，「すべての生徒に身につけてほしいことは何か」「各コースのねらいはどうすべきか」ということを意識することを大事にした授業展開を考えている。

マスターコース　　　　　　　　ベーシックコース

(2)　数学科「個人選択制習熟度別分割授業」指導計画〈連立方程式の節を例に〉

時	マスターコース	ベーシックコース
1	＊連立方程式とその解 ・二元一次方程式の定義 ・二元一次方程式の解の意味 ・連立方程式とその解の意味	＊連立方程式とその解 ・二元一次方程式の定義 ・二元一次方程式の解の意味 ・連立方程式とその解の意味
2	＊１つの文字を消去する ・簡単な加減法を例に，文字を消去すれば連立方程式が一次方程式になり，	＊筆算形式の一次式の加減の復習を行う。 〈次の加減法の学習につながるような

	解の求められることを理解する。	形を扱う〉
3	＊加減法1 ・x, yの係数そのままで，加減だけでどちらかが消去できる場合を理解する。 ・x, yの係数の内，どちらか一方を何倍かして，消去できる場合を理解する。	＊1つの文字を消去する ・簡単な加減法を例に，文字を消去すれば連立方程式が一次方程式になり，解の求められることを理解する。
4	＊加減法2 ・x, yの係数の両方をそれぞれ何倍かして，どちらかの文字を消去する場合を理解する。	＊加減法1 ・x, yの係数そのままで，加減だけでどちらかが消去できる場合を理解する。
5	＊加減法3 ・整数係数の連立方程式を加減法で解く演習を行う。	＊加減法2 ・x, yの係数の内，どちらか一方を何倍かして消去できる場合を理解する。
6	＊加減法4 ・分数や小数，かっこを含んだ形の連立方程式を解く。	＊加減法3 ・x, yの係数の両方をそれぞれ何倍かして，どちらかの文字を消去する場合を理解する。
7	＊加減法5 ・加減法で解く連立方程式の総合演習。	＊加減法4 ・整数係数の連立方程式を加減法で解く演習を行う。
8	＊代入法 ・文字を消去するには，加減法の他に代入法というやり方のあることを理解する。	＊加減法5及び代入法 ・分数や小数，かっこを含んだ連立方程式を加減法で解く。 ・代入法を軽く紹介する。

(3)「個人選択制習熟度別分割授業」成果と今後

「個人選択制習熟度別分割授業」について，生徒はどのように捉え感じているのかを把握するためのアンケートを，数学科で実施した。その結果の概略から見てみると，「授業がよくわかる」「意欲的に参加できる」「自分にあった授業を受けることができる」「質問がしやすい」のは「コース別授業（＝習熟度別授業）」と「クラス全体の授業」のどちらか，という4つの質問に対して，全

体の6割から7割の生徒が,「コース別授業」,もしくは「どちらかと言えばコース別授業」と応えている。

また,同和地区生徒については,7割から8割の生徒が「個人選択制習熟度別分割授業」と答えており,「クラス全体の授業」あるいは「どちらかと言えばクラス全体授業」と答えた生徒は一人もいない。特に,「授業がよくわかる」「意欲的に参加できる」「質問がしやすい」と答えた同和地区生徒は,全体の約1.3倍から1.6倍になっている。このことから同和地区生徒にとっては,今までのクラス全体の授業よりも「個人選択制習熟度別分割授業」が,一段と理解しやすく「やればできる」という思いをもって授業に参加できるわけであり,毎時間の授業に手応えをもって参加しているということがうかがえる。

さらに,定期テストの結果を分析してみると,「個人選択制習熟度別分割授業」を行う前と後とでは無答率(解答欄に何も書かない割合)が明らかに下がっていることが分かった。これは,以前であれば問題を解く前にあきらめていたのが,「解いてみよう」という前向きな姿勢をもってテストに取り組んでいる結果と考えることができる。

アンケートをもとに,「個人選択制習熟度別分割授業」の成果を生徒の意識という観点から考察すれば,「コース別授業はほとんどの生徒にとってよい印象であると言える」「『授業中わかるようになった』『授業がわかりやすくなった』という感想が多く見られる」の2点があげられる。

このように「個人選択制習熟度別分割授業」という授業改革は,指導者側と生徒側の両方にとって,一定の結果を得ることができた。しかし,常に変化する生徒の実態にどこまで柔軟に対応していけるのか,また新しい指導内容に伴う評価基準をどのように策定していくのかなど,今後も検討を続けていかなくてはならない。

(岡本昌人)

2 空き地ワークショップからWPPへ

ここでは,子どもたちがまちづくりを進める学習(空き地ワークショップ)を

第5章 まちづくり運動と同和教育

センター学習の中で取り入れ，生きてはたらく力の育成をめざし進めてきた実践について紹介する。また，この取組は，学習センターに通う子どもたちを中心に，小中学校の枠を越え（京都朝鮮第三初級学校・盲学校・保育所），多くの子どもたちが集うWPP（ウォールペインティングプロジェクト）に発展した。では，子どもたちは，これらの取組を通してどのように成長したのだろう。取組のねらいや進め方を明らかにしていきながら紹介する。

◉「空き地ワークショップ」の誕生────子どもたちでまちづくり

1994年3月楽只隣保館集会室にて，「第1回空き地ワークショップ」が行われた。これは，学習センターの南隣に位置する約 1500 m^2 の事業用地（空き地）を使って，子どもたちもまちづくりに参画していこうという行動の表れであった。当時，地元千本地域では，じうんが設立され，これからのまちづくりについても多くの議論が交わされた時期であった。

このような具体的な動きが見られ始めた頃，京都市同和問題懇談会意見具申が出された。その中では，「『センター学習』を漫然と継続するのではなく，個々の子どもの学習課題に対応し，学習意欲を育むものとなるよう，内容を点検，見直すと共に『センター学習』を必要としない学校，家庭での取組のあり方を具体的に検討すべきである」と述べられている。

そこで千本では，Gプロの提言をもとに，「教科の補完的な学習はセンターでは行わない」という方向性を打ち出し，「基礎・基本的な学力は千本4校で行われる普通授業の中で保障していく」という考え方に立ち，子どもたちの主体的な学習につながる姿勢を築くため，小学校のセンター学習で空き地を活用した活動が始まったのである。

また，これまで取り組まれてきた同和問題学習を振り返ってみても，次のよ

うな課題が浮かび上がってくる。これまで,「学習センター設立の意義」や「町内の先輩に学ぶ」など,部落差別に対する熱い思いを伝えられることにより,差別を自分自身の問題として捉え,その中で差別の問題と家族の姿とが重なり,部落解放に向かう大きな力となってきた。しかし,地元の長年にわたる弛まぬ努力や同和対策事業の結果として,目に見える(実態的)差別は少なくなってきた現状は,部落を取り巻く環境が改善される方向にあるという点では喜ぶべきことなのだが,差別が日常生活においては,子どもたちの目にふれにくくなってきたと言える。このことは,子どもたちが実感として被差別の立場の自覚が難しくなってきたことを物語っていた。つまり,これまでのさまざまな人々の部落解放に向かう努力や功績,または,劣悪な差別の歴史を振り返ることだけでは,子どもたちの心に響く同和問題学習にはなり得なくなってきていたのである。

　そこで,今の千本のまちを通して,自分たちの生まれ育ったまちを捉え直し,また,まちと自分との関係を追求し,まちにある一つの場所をどのようにコーディネイトするかを考えることは,部落の今を考える格好の素材になり得るものであった。こうして「空き地ワークショップ」の取組は生まれたのである。

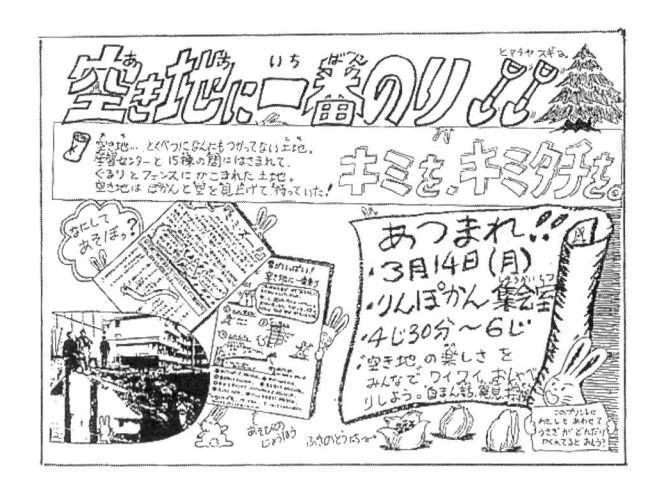

第**5**章　まちづくり運動と同和教育

あきちにいちばんのり

〜第1回ワークショップ〜
1994. 3. 14（於：楽只隣保館）
〔活動のねらい〕
　フェンスで囲まれ入ってはいけなかった場所を，子どもたち自身の身近な遊び場として捉えなおす。
〈遊び場としての空き地の認知〉
○こんなことやったよ

・空き地に入る。空き地で遊ぶ。
・空き地ワークショップまでに，空き地に実際に入って遊ぶ。
(1) 遊びの発表
・学年ごとに，これまでの空き地での遊びを発表する。

(2) チームあみだ
・くじ引きでチームに分かれ，他学年の子ども同士のチームを作る。
(3) 遊んだことと感想
・チームごとにもう一度遊びについて話し合う。
(4) 発見
・空き地で見つけたものを発見カード（ピンク）に記入する。それを用意された空き地の地図にはっていった。

(5) あぶないところ
・危険カード（黄色）に危険な場所と理由を書き込む。地図に危険な場所をはりつける。
(6) あったらいいな，ほしいな
・「あったらいいなカード（緑）」にあ

55

ったらいいなあと思うもの，できなかったけどしてみたいことを書き込む。空き地への出入り口，現場事務所への質問も書く。((4)〜(6)までの作業によって，チームごとの空き地マップを完成する。)

(7) 発表
・チームごとに，できあがったマップを発表する。

> 子どもたち一人一人の空き地の認識をみんなで共有する活動は継続的に行われ，空き地はひろばへと生まれ変わっていった。

● 「空き地からひろばへ」
　　——スクラップ＆ビルド

　コンセプトが確認されたことにより，目的がはっきりした子どもたちの空き地に対する意欲には驚くべきものがあった。目的意識をもたせるということが学習意欲の向上を図るということをこれほど感じたことはなかった。「誰もが集える」，その誰もとは？　言い換えると「まち」に住む人々全体を指すことになる。誰が空き地に来ても楽しく集うことができる空き地。もうこのころからの子どもたちの発想は，空き地というよりは，「ひろば」というイメージが，子どもたち自身のものになっているという様子であった。その後，ひろばでは，さまざまな取組が展開されていくが，常に大切にされてきたことがある。それは，この空き地での活動は，大人から与えるものではなく，子どもたち自らの「まち」に働きかける発想を大切にすることだ。だから当然「やり直しあり」の活動だった。「誰もが集える」ために考えて取り組んでも，いつも成功するとは限らない。また，一度できあがったものでも月日が経てば不必要になる。そうなれば，当然除去されるわけで，それはこれまでの成果を無にするものでもなんでもない。つまり，このよ

第5章　まちづくり運動と同和教育

うなスクラップ＆ビルドの活動が，空き地では可能なのである。そして，そのことを繰り返すことにより，自然にまちに関わり，自分の「まち」として意識し出すようになるのである。自分の「まち」を意識するために空き地での活動は，コンセプトに向かうものであれば，全てを受け入れようという姿勢で進められた。子どもたちは，発想→計画→製作（作業）という過程を繰り返し，進めていったのだった。

◉ 「空き地からひろばへ」──育てたい力

　これまで，取組の概略を述べてきたが，「誰もが集うことのできる楽しいひろばにする」ことで，どんな力を育てていくことが大切なのだろうか。

　○自分の生まれ育ったまちを愛し，まちを誇れる子どもに

　1994年3月から始まった「空き地ワークショップ」の取組は，当初は部落の子どもだけによる活動だったが，その後，Gプロの提言を受け，部落外の子どもとの共有の活動となっていった。学習センターで学習から教科の補完的な学習を撤退させ，それに代わる取組として，「空き地ワークショップ」を進めてきたが，実は，この取組を始めた頃，おもしろそうな取組（空き地からひろばへ）を部落・部落外を問わず友だちを集めたのは，部落の子どもであった。「センターでおもしろいことやってるし，一緒にやってみいひんか？」と話を持ちかけ，当時の小学5年生数名が学習センターの活動に関わった。自分の生まれ育ったまち

57

(部落)に関わる一部を部落外の子どもと共に計画し汗を流して取り組むことにより、お互いのより深い結びつきも生まれるし、自分の「まち」として誰もが意識できるようになった。みんなで作った所に、小さい子どもからお年寄りまでが楽しく集えるようになれば、コミュニティの再生にもつながるはずである。そして、そんなまちは、誰もが誇れるまちになっていくに違いない。将来差別に出合ったときも、自らが誇れるまちで育った自分自身に自信がもてるようになるに違いない。また、部落外の子どもたちは、そんな困難に出合った友達を支える役割も果たせるはずだと確信している。

○見通しを持ち、粘り強く学び続ける子どもに

「ひろばを花でいっぱいにしたい」や「ひと休みできるベンチをつくりたい」、または、「壁画で楽しいひろばにしたい」や「ほっこりと雨宿りができる小屋がほしい」等、子どもたちの発想は限りないものがある。しかし、発想を確かな見通しのもとに計画し、進めていくことは、そう簡単ではない。最初は、計画段階で行き詰まり、解決策を要求する子どもたちが多くいた。しかし、大切なことは、自ら創り出すことの難しさと共にその喜びも味わうことだ。そういうことを体験した子どもは、何事においてもくじけず、学び続けるようになるはずである。ひろばでの活動では、子ども自らが考え、実行し、また振り返るという行動パターンを繰り返すことで、見通しをもって、粘り強く学び続ける子どもを育もうとしてきたのである。

◉子どもたちの変容

このような取組を通して、子どもたちはどのように変容したのか。ここでは、学習を進めていく上での子どもたちの学習の成果と課題を見ていきたいと思う。

先にも少し述べたが、「空き地」は当初、起伏の激しい地面と、がれきいっぱいのエリアだった。しかし、「空き地からひろばへ」の活動が進行する中、

第5章　まちづくり運動と同和教育

地面は整地され，ベンチや花壇・遊具は，今やところ狭しと並んでいる。教室の中だけでは得られにくい子どもたちの夢をのせた取組により，子どもたちは自分の力で創り出す喜びを体得してきた。机上の論理を「生きてはたらく力」にし，自分自身で「使いこなせる力」として，蓄積してきた。ひろばの中で，スクラップ＆ビルドを繰り返す営みは，少しずつではあるが，子どもたちに計画性をもたせ，計画の実現に向けて試行錯誤を与えてきた。根気強く考え，計画し，実行し，また，やり直し，実行する。そういった学習過程を，まちに関わりながら進めていくことで，常に自分の生まれ育った「まち」を自然に意識するようにもなる。子どもたちの着実に学習し続ける姿勢は育ってきている。また，現在の「まち」と真剣に向かい合うことで，自分の生まれ育った「まち」と自分との関わりについても考えられるようになってきた。

そして，このことは，自分の生まれ育った「まち」を心から大切にし，友達にも語れる誇りある我が「まち」にしていく心情を育てることにもつながるはずである。

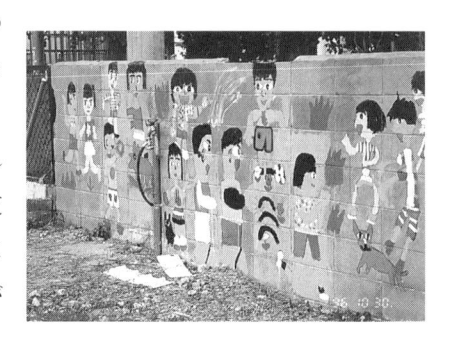

千本地域では，「法の時代」が終結を迎える前から，部落と部落外の子どもとが切磋琢磨していく中で，力をつけていくべき方向へといち早く転換してきた。もはや，部落のことは部落の中だけで考えるのではなく，「センター学習」に集うみんなで考えていく時代を迎えている。自分たちの住む現在の「まち」の中にある「みんなのひろば」を，みんなで共有する取組として今後も発展させていく必要がある。

◉実践例1——ひろばを花いっぱいにしよう大作戦

「空き地ワークショップ」が始まってから3年が過ぎた頃,当時高学年の子どもたちの中から「ひろば」の傍を通りゆく人々にも,「ひろばって素敵な所だなあ。一度入ってみたいな。」という気持ちになってもらおうと,花を植えることが提案された。しかし,花は咲いている時は素敵だが,その期間が短いところに問題があるのではないかという意見も出された。決して花を植えるということを否定するものではないのだが,「ひろば」の学習のメリットはこのような部分の論議から,確かな計画を生み出すところである。子どもたちの話し合いは大筋以下のようになった。提案に対する肯定論は,「咲いている間はきれいだ」「咲いている期間の長い花を選ぶとよい」「いっぱい植えてお花畑にすれば,ますますひろばに行きたくなるはずだ」というものであった。論議の結果,子どもたちが花を植える上において大切にしたことを整理した。

まず第一に,「咲いている期間が長いこと」。第二に,「日照りや雑草の浸食に強いこと」。第三に「毎年咲くこと」。以上3つのことを検討課題とし,「ひろば」を花いっぱいにしようと話し合った。図鑑で調べたり,近隣の園芸店で聞いたりしながら,自分たちなりの結論に行き着いた。それは,次の通りである。

検討課題のすべての点をクリアする「ワイルドフラワー」に決まった。「ワイルドフラワー」は，四季折々に4種類の花を咲かせる丈夫な多年草であった。

また，「ひろば」内では，お花畑に柵があるから花を踏まないのではなく，きれいに逞しくさいている花はどこに咲いていてもふまない。そんな「ひろば」を大切にする思いをもてるような場所にしていこうという考えから，あえて立派な柵を作るのではなく，1回目の花が咲くまでの暫定的な期間だけ，棒きれを使って簡易柵を作った。当然いずれ取り払うことを考えたからだ。

このように，「ひろばを花いっぱいにしよう大作戦」は，「ひろば」の傍を通るさまざまな人々を想定して進められた。はじめは，自分が楽しめる花からスタートし，誰もが楽しむことのできる花，それも年間を通して味わうことのできる「ワイルドフラワー」に行き着いたことは，まさに「まち」を自分との関わりで考えられるようになった証の一つだと言える。私たちの住むまちの一角にこんなに素敵な場所があり，みんなに来てもらおうという発想は，子どもたちが進めるまちづくりにほかならない。

◉「ひろばからまちへ」──学習センターの枠を越えて

実践例を一つあげて紹介したが，「空き地からひろばへ」の取組では，さまざまな道具や遊具など，誰もが集えるところにすべくその当時の子どもたちが知恵を振り絞って，時には学年グループで，時には隣接学年グループで，そして時には全校みんなで取り組んできた。小さな子どもからお年寄りまでが集う楽しいひろばとして，他学区の人々にも認識されてきた。そこで，これからは，より多くの人々が関わって自分たちのまちのことを考えていこうとする取組に発展することが，より広い視野で自分の「まち」を見られる姿勢を築けるようになるはずだ。その取組について，佛教大学と楽只・鷹峯小学校との教育連携を生かして，共に子どもを育てるという立場で，WPPの実践例を紹介する。

◉「ひろばからまちへ」──学習センターの枠を越えたWPPの取組

「空き地からひろばへ」の取組での実践を踏まえ，今後は，より多くの人々

が関わって自分たちのまちのことを考えていこうとする取組に発展させることが，より広い視野で自分の「まち」を見られる姿勢を築けるようになるはずだという考えのもと取り組まれた，WPPの実践例を紹介する。

「ぼくたち・わたしたちのだいすきなまち」

○みんなのつくるまち

千本北大路にある視覚障害者施設「京都ライトハウス」が全面建替工事に入り，当時敷地一帯が防音壁で囲まれていた。この壁を，このまちに生きる多くの子どもたちで絵を描いて，無機質な工事現場をやさしさの空間で飾ろうという企画，WPP（ウォールペインティングプロジェクト）が，佛教大学教育学部の学生が中心となり，千本4校の教員もサポートしながら，始められた。

この提案は初め，ライトハウスから「きたけん，前北研に集う仲間（千本地域周辺の北区・上京区在住の人々）」に寄せられたものだった。このことをきっかけに，楽只学習施設"ツラッティ子どもセンター"（前楽只学習センター）に集まる子どもを中心にしながら，日頃から「きたけん」のまちをフィールドにして活動する佛教大学教育学部学生が，この取組の企画・運営にあたった。「自分たちの生まれ育ったまちへの思いを表し，さまざまな人々が暮らすこれからのまちづくりを展望する」というねらいを掲げ，取組は進められた。子どもたちへの呼びかけは，センター学習に通う子どもたち中心に進められた。参加人数がある程度揃った段階で，小中学校合同のプロジェクトチームが構成され，全体構想が練られた。そして，その中で，「ぼくたち・わたしたちのだいすき

第5章　まちづくり運動と同和教育

なまち」という共有のテーマが決定した。それぞれに自分自身の「まち」のイメージを出し合い、みんなで一つのフレーズを創り出したのだった。このテーマには、一人一人の「まち」に対する夢が託されていた。最初はプロジェクトチームだけで進められていったが、「きたけん」に集うもっと多くの友だちにも参加してもらいたいと思う子どもたちの思いが届き、その後参加者はセンター学習に参加しているという枠を遙かに超え、最終的には130名にのぼる子どもたちの参加となった。第三初級学校・盲学校・楽只保育所など、呼びかけを快く受け入れてくれた仲間は、さまざまな形でWPPに加わった。少数のプロジェクトチームで始まった取組は、今や多くの「きたけん」に集う仲間でいっぱいになったのである。

　「子どもたちに大きなキャンバスに絵を描くという体験をさせたい」「同じまちに住む仲間とひとつの作品を作りあげる喜びを感じてほしい」という学生の思いから、直接、壁に絵を描くという方法で進められていくことになる。画材は大変広く3m×30mにもおよぶ大画面となった。低学年の子どもは「まち」の中にいる自分を思い浮かべながら等身大の絵を、保育所の子どもは花畑や虫などの絵を、壁一面を彩る虹に描いていった。第三初級学校の子どもは、チマチョゴリを着ている自分や朝鮮の遊び、楽器を演奏している様子などを生き生きと描いていった。盲学校高等部の生徒は、一人一人花を描くことになった。子どもの思いにそって作業が進められ、苦労しながら楽しそうに太陽の下に大きく咲く立派な花ができあがった。

　このプロジェクトに参加した子どもたちは、「まち」に対するさまざまな思いを胸に、この取組に参加した。この取組を通して「きたけん」のまちにはさまざまな文化があり、多くの仲間がいることを、子どもたちは感じ取っていった。作業スペースの関係もあり、全員が集まって描くことはできなかったが、

一人一人が描いた絵が、やがて一つの絵になって完成を迎えることができた。
　　〇広げようともだちの輪——完成セレモニー
　構想期間を入れると約4カ月を要し2003年3月27日、ついに壁画は完成した。多くの子どもたちの力により、すばらしい作品となった。年度がかわり、子どもたちが一つ進級した5月に完成セレモニーが開催された。初めて全員が集まった子どもたちは、一度に全体を見わたすことのできない大きな絵を、みんなの力で描き上げたことにあらためて感動を覚えたようだった。今までの活動を振り返るプレゼンテーションでは、いろいろな仲間たちが協力して描きあげた作品であるということを知り、同じ「まち」に住みながらもこれまで交流のなかった人と新たに出会い、仲間の輪を広げたにちがいない。
　このように1994年3月から始まった「空き地ワークショップ」はその形を変えながら、今やその仲間は学校を超えた広がりを見せている。これは、子どもたちによる「きたけん」のネットワークの広がりであり、子どもたちはこれらの取組を通して着実に内面に自信をつけているのである。

（浦杉伸介・南山〔城代〕直美・藤川幸子）

3　京都朝鮮第三初級学校との交流から「ユーアイ・スクエア（友愛広場）」へ
◎「朝鮮の文化」をテーマとした「総合的な学習の時間」の様子

　千本地域にある鷹峯小学校で、高学年の「総合的な学習の時間」に進められた「朝鮮の文化」をテーマとした学習は、子どもたちにとって興味のある「食」や「遊び」等がテーマであったこともあるが、そこには、近隣の第三初級学校との継続的な交流を通して、「第三初級学校の友だち」や「朝鮮の国」が子どもたちの身近な存在として、確実に位置づいていたと考えられる。

第5章　まちづくり運動と同和教育

　次の作文は，朝鮮の民族衣装「チマチョゴリ」作りに取り組んだ児童の作文（抜粋）である。

> 　チマチョゴリ作りは，難しくて失敗したところもありましたが，そのたびにみんなで協力し合って，一つ一つをていねいに仕上げていきました。（中略）
> 　クラスの発表会では，みんながそれぞれ違うことを調べていました。朝鮮の民族楽器を調べたグループは，第三初級学校へ行って，民族楽器の演奏を聴きました。初級学校の先生に教わって，自分たちで朝鮮の将棋を作ったグループもありました。みんなの発表を聞いていて，朝鮮のことがとてもよくわかりました。その時，私は「一人一人の力ってすごいんだなあ。」と思いました。

　この作文から，子どもたちが朝鮮の文化について興味をもって学習している姿がわかる。また，朝鮮の文化のすばらしさにとどまらず，学習を通して，第三初級学校の友だちや先生，クラスの仲間との交流のすばらしさにもふれていることがうかがえる。

◉交流学習の背景

　さて，上記の学習の背景には，第三初級学校との長年にわたる交流学習の積み重ねがあり，この交流のはじまりは，今から20年以上も前のことである。差別的な言動が発端となって，両校の子どもたちが石を投げ合うといったけんかをしたことが，交流を始めるきっかけとなったのである。近くの学校でありながら，それまで全くふれあう機会のなかったことが，このようなけんかにつながったのではないかという，両校の教職員の反省から，活動を通して直接ふれあえる交流を進めていくことになったのである。当初は，サッカーの試合，作品展での絵画交流，日曜参観や研究発表での教職員の相互参観というように，一部の子どもたちや教職員の交流，作品を通じての交流であった。その後，第三初級学校との交流は，学校全体，全ての子どもたちの交流へと広がっていくのである。

●交流の広がり

　きっかけとなった「けんか」から数年後，場を共有する中で，お互いの存在を身近な物にしようとの考えから，いっしょに給食を食べる「給食交流」，水泳学習を行う「プール交流」，体のふれあいを通した「ゲーム交流」などへ広がっていった。やがて，1990年半ばには，両校で全校合同遠足や野外炊事に取り組んだり，その時の思い出を共同で貼り絵のパネルに仕上げるなど，規模も内容も広がっていった。また，第三初級学校創立30周年を記念して行われた「CANDO '97」というイベントでは，第三初級学校・楽只小学校・鷹峯小学校の3校合同出演にも取り組んだ。これは，ステージで朝鮮と日本の歌を合唱するというものであったが，当日を迎えるまでに，何度となくお互いの学校を行き来したり，千本の中にある隣保館を使ったりしながら数多くの合同練習を重ね，心をひとつにして歌を作り上げるという，継続的な交流も行った。そして，総合的な学習の時間の導入以来，生活科も含め，学年単位での交流学習が本格的に行われるようになり，今では，グループを組んで，一緒に学習を進めていくといった合同学習の要素が強くなっている。

　ここで，3年生国語科の発展として行った実践を紹介する。

第3学年授業実践

| 学習集団　第3学年 |
| 単　　元　「となりの国からこんにちは」 |
| 期　　間　5月上旬〜2月中旬（全80時間） |

(1)　単元のねらいと育てたい力
〈生き方の姿勢に関わる学力について〉
・第三初級学校の友だちの存在を意識して共に活動していくことを通して，お互いのよさに気づいたり，自分のおもいや考えを深めたりすることができる。
・「友だちハッピーマダン」を計画したり，実行したりしていく中で，相手のおもいを感じ取りながら，みんなで協力してやりとげる喜びを味わうことができる。
〈実践的な態度に関わる学力について〉
・学習してきたことをもとに自分の課題をしっかりともち，目標に向けて計画したり，

実行したりすることができる。
・マダンを作り上げていく中で，自分のおもいや考えを自分なりの方法で表現することができる。

　3年生の段階で「在日韓国・朝鮮人問題」を真正面から考えていくことは，発達段階から言っても難しさがある。そこで，生活科での交流を発展させた形として，お互いの国の文化の違いを意識しながらも，共に活動する中で，お互いのよさを感じ合えることが今後につながるものとして大切であると考えた。こうした学習の積み重ねが，子どもたちがこの先，人権に関わる問題と出合ったときに「身につけた人権感覚を基盤に，さまざまな差別や，社会の矛盾や不合理を見抜く力，また，それらを解決していこうとする姿勢」につながるものであると考えている。

(2)　学習活動の実際

　本単元は，日頃から本校が全校的に取り組んでいる京都朝鮮第三初級学校の友達との交流を中心に据えた実践である。

《出会い》

　『これまでの学習を振り返ろう』

　パート1の学習は，国語科で学習する「三年とうげ」をきっかけに，音読発表交流会を行うことから始まった。交流会では，第三初級学校の友だちの朝鮮の民族楽器の演奏や，民族舞踊を交えた，朝鮮語での音読発表を聞いた。そのことが，お互いの文化の相違点や共通点に着目することにつながり，課題別グループに分かれて活動することになった。子どもたちは，さまざまな方法で調べたり，第三初級学校の友達や先生にインタビューしたりするなどして自分の課題を追求していった。そして，学芸会で「三年とうげ」の劇を演じる中で，衣装や楽器の演奏など第三初級学校の友達や先生の協力を得ながら自分たちが学習してきた内容（主に朝鮮の文化）を発信した。パート2の学習は，そうしたパート1で行ってきた学習を「出会い」と位置づけ，その振り返りからスタートしたものである。

　学芸会を見に来てくれた第三初級学校の友達から感想の手紙をもらった子どもたちは感激し，今までの交流をふり返るとともに，さらに交流を深めていきたいという思いをふくらませていった。

《把　握》

　『これまでの学習を生かしてもっとなかよくなろう』

　単発的な遊びの交流に終わるのではなく，子どもたちが課題をもって試行錯誤しながら進めていけるよう，この段階で3つのポイントを提示した。

＊パート１で学習してきたことを生かす
＊参加する人みんなが楽しめる
＊第三初級学校の友達と計画する

　服装・音楽・食べ物・遊びなど，パート１の学習で調べてきたことを出し合って，みんなで楽しもうと，おまつり「ともだちハッピーマダン」を開くことになった。

《追　究》
『みんなが楽しめるマダンにしよう』
　各コーナーごとに分かれて計画を立てていきながら，相談のポイントでは，第三初級学校の友達にもグループに入ってもらい，意見を交流し合いながら決めていくようにした。また，中間報告会を行い，３つのポイントを中心に，「いいところ」「アドバイス」「質問」を出し合い，交流するようにした。

《発　信》
『「ともだちハッピーマダン」をひらこう』
　当日は，保護者や他学年の子どもたちも含め，たくさんの人に参加してもらって，子どもたちも満足感・成就感を得ることができた。そして，年度末には，「人権学習発表会」で保護者や全校の子どもたちに向け，自分たちの取組を発信することができた。

(3)　評価の実際

　評価規準，本単元で育てたい力をもとに評価計画を作成した。授業では行動観察や発言分析などで学習の様子を把握するとともに，単元を通して学習ノートを作成し，一人一人の活動の記録や自己評価を残すようにした。それをもとに，必要に応じてグループや個に対する支援を行うようにした。

　　全体の話し合いなど：行動観察や発言分析
　　グループ別活動　　：活動の記録や感想
　　　　　　　　　　　　自己評価
　　中間発表会　　　　：相互評価

(4)　実践記録

児童の活動	支援◆と評価〇
『となりの国からこんにちはパート１』（全50時間） ［出会い］　６時間 　第三初級学校の３年生との音読発表交流	◆　教科書の挿絵を見直したり，朝鮮の民族楽器の演奏を思い出したりすることで，日本文化との違いを想起する。

第5章　まちづくり運動と同和教育

・第三初級学校の友だちを招いて音読発表を交流する。

○　初級学校の友達との交流を通して朝鮮の文化にふれ，親しむ。

［把握・追究］　20時間

興味をもったことについて調べよう

・意見交流→グループ編成
・本，インターネットで調べる→楽器，踊り，遊び，食事，服装，くらし，ハングル，歌　等

◆　興味をもった友だち同志でグループを作り，その中で活動意欲を高める。
○　体験的活動を通して，自分の課題を見つけ，学習を進める。

・第三初級学校との交流（質問，体験）
・朝鮮料理（チヂミ）作り体験
［発信］　24時間

学習のまとめ，発表会

・調べたことを新聞にまとめる
・グループ発表

学芸会—劇「三年とうげ」

・これまでの学習で学んだことを劇を通して表現する。

◆　チャンゴの演奏やハングルなども取り入れて，これまでの学習を総括した構成になるようにする。

69

『となりの国からこんにちはパート2』(全30時間)
[出会い]　2時間

|これまでの学習を振り返ろう|

・第三初級学校の友だちと交流してきたことを振り返る
「学芸会を見た感想の手紙をもらったよ」
「もっとなかよくなりたいね」

[把握]　2時間

|もっと仲良くなるためにやることを話し合おう|

・第三初級学校の友だちと一緒に「やりたいこと」「できそうなこと」を話し合う。

◆　「今までの学習を生かす」「みんなが楽しめることをする」「第三初級学校の友だちと一緒に計画する」の3つのポイントにそって話し合うようにする。

[追究]　22時間

|「友だちハッピーマダン」の計画を立てよう|

・コーナーや係の計画
・各コーナー，各係の準備

◆　それぞれ計画の発表会をして，みんなで検討し合えるようにする。
○　自分の課題をしっかりもち，目標に向けて計画，実行する。

[発信]　4時間

|「友だちハッピーマダン」を開こう|

・遊びコーナー
・音楽コーナー
・食べ物コーナー
・ハングルコーナー
・チョゴリコーナー
「これからも交流を続けて，もっとなかよくなりたいね。

◆　お互いのコーナーを見せ合って意欲を高めるようにする。
○　友だちと一緒に活動することを通して，友だちの良さに気付くとともに，みんなで協力してやりとげる喜びを実感する。

第5章 まちづくり運動と同和教育

◎交流学習からユーアイ・スクエアへ

2004年2月28日,佛教大学鷹陵館をメインに「ユーアイ・スクエア2004(第5回目)」が開催され,京都市立小学校,京都朝鮮初級学校(以下,初級学校),京都インターナショナルスクール,京都府舞鶴朝鮮初中級学校,合計20校(約400人)の子どもたちが参加した。

このユーアイ・スクエア(友愛広場,You I Square)は,京都市内の市立小学校と3つの初級学校の子どもたちの交流として行われているものであり,2000年2月に誕生し,毎年,2月下旬から3月上旬に開催されている。第3回目からは,会場を市立小学校から佛教大学に移し,運営スタッフは,学校教員中心から,将来教職を目指す佛教大学の学生や保護者層にも広がってきている。回を重ねるごとに,学校数・参加児童数ともに規模が拡大し,市内の小学生全体を視野に入れたものへと発展しつつある。

このユーアイ・スクエアの基盤となっているのは,先に紹介した,千本の同和教育に基づいた第三初級学校との交流学習である。その交流学習からユーアイ・スクエアへの歩みを振り返ってみる。

京都市内には3つの初級学校があり,それぞれの初級学校では,近隣の市立小学校と交流を行っている。第一初級学校は伏見区内の小学校と,第二初級学校は,右京・西京区内の小学校と,そして第三初級学校は千本の2小学校を中心に北区の小学校と交流を行っている。しかしながら,初級学校には市内全域から子どもたちが通学してきており,学校休業日や長期休業期間中は,それぞれの地域で,初級学校の子どもたちがどのように日本の子どもたちと交流できているのかという問題がある。初級学校と交流している市立小学校の子どもたちの意識は高まっているにしても,学校を離れた場での交流となると,なかなかできていないのが現状である。まして,現段階で交流を行っていない多くの市立小学校の子どもたちの意識を少しでも高めていくことが,今後の課題なのである。そこで,2000年当時,3つの初級学校,そして初級学校と交流している市立学校5校が集まり,交流の輪を全市に広げていくことをめざしたものが,このユーアイ・スクエアなのである。

〈ユーアイ・スクエアのあゆみ〉

　第1回ユーアイ・スクエアは，国際交流と人権をテーマに，京都市内にある3つの初級学校とそれぞれの交流校，合わせて8校が参加し，梅津小学校を会場に誕生した。YOU Iとは友人に対する親愛の意であり，「あなたとわたしが集う広場」という意味が込められている。

(1)　2000年（第1回）～2001年（第2回）

　子どもたちが隣の国の文化にふれるだけでなく，保護者や教員・大学生もスタッフとして運営に関わることで交流を深め，お互いの立場や人権に関わる問題を共に考える人の輪を広げていくユーアイ・スクエア。

　　　　2000年（第1回）　　　　　　　2001年（第2回）

(2)　2002年（第3回）～2003年（第4回）

　2002年度からは，会場を佛教大学に移し，企画から運営までを教育学部学生と参加校教員の手で進めていくこととなった。子どもも大人も含めた交流の輪を広げることをめざし，教員を志す学生が実践力を高めるための地域教育実践の一つとしても進められている。

(3)　2004年（第5回）

〇事前活動

　教育学部学生，参加校教員等で事務局を構成し，当日の内容や運営面の細部にわたって検討は重ねられた。また，ユーアイマークや全員合唱の練習などでは，学生が事前に参加校を訪れ，一緒に制作したり，合唱指導をしたりしながら，自然に朝鮮のことを考える機会をもった。

第5章 まちづくり運動と同和教育

2002年（第3回）〜2003年（第4回）

○当日の構成

年々参加人数は増え，2004年は参加20校，約400人の子どもたちが参加した。特に，舞鶴初級学校や京都インターナショナルスクールからも参加が見られ，確実に輪は広がってきた。

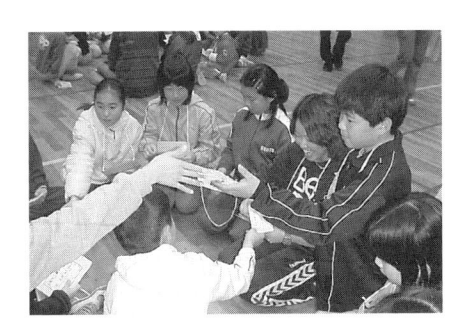

出会い：オープニングは，初級学校と公立学校の「チャンゴと和太鼓のセッション」などの舞台発表で幕が開き，ユーアイマークの作成，全員合唱（朝鮮語を混ぜた歌）等が行われた。集まった子どもたちは不安げな様子を見せながらも，名刺交換をし，違う学校の子どもたちと出会った。

　ふれあい：他の学校の友達とグループをつくり，ゲームを通して，心と体でふれあっていくことで少しずつ心も解きほぐされていき，恥ずかしがりながらも，会話をかわしている様子も見られた。

　昼食：仲良くなったグループで，話をしながらオモニ会とPTAの協力により調理された伝統的な料理「トック」「キムチ」「チヂミ」を味わった。

　チャレンジ：日本の伝統的なあそびや朝鮮のあそび，楽器に触れ，グループでいろんなことに挑戦した。みんなで力を合わせて活動をすることで自然と友だちの輪も広がり，一緒に遊ぶ体験を通してお互いの文化を知る機会にもなった。

第5章　まちづくり運動と同和教育

つなげたい：会の終わりには，みんなで一つの円を作ってジェンカを踊り，肌と肌のぬくもりを感じ合うひとときが見られた。また，グループ内で一日を振り返り，お互いに住所を教え合うほほえましい様子も印象に残るものであった。

○成果とこれからに向けて

　会場を佛教大学に移し，学生の企画・運営で進めたユーアイ・スクエアは，参加した子どもたち（学校）にとっても，学生にとっても，大きな成果をあげている。参加した子どもたちは，いろいろな人と関わることから，相手を理解し，認めることの大切さを味わった。このことこそ，ユーアイ・スクエアのねらいである。これからもさらに人権感覚を磨き，すすんで人と関わり，人を大切にする心を養っていくことにつなげる必要を感じた。

　また，学生にとっても，たくさんの子どもたちを動かす取組の企画・運営を成し得たことは，教員をめざす上で必要となる実践力を高めることや教育に対する意欲，自信をもたらすことにつながっている。さらには，この取組の内容からも，学生自身が自らの人権感覚を磨く絶好の機会にもなったことは言うまでもない。

　今後も，ユーアイ・スクエアを，大学・小学校・地域の連携による共同の取組としてさらに充実させ，交流の輪を全市に広げる取組へと進めていかなければならない。

○子どもの感想
・世界中のみんなが，今日のように仲良くなれるといいなぁと思いました。朝鮮のこともいろいろ学べたし，たくさんの友だちもできたし，よい思い出になりました。
・ユーアイマークが完成した瞬間，「自分のデザインした絵がこんな風になるなんて」と感動しました。インタビューで答えた「世界中のいろいろな人が，無限に友だちをつくれる」というマークに込めた意味のように，いろいろな人と交流して，新しい仲間をつくることができた思い出の日になりました。
・初級学校の人たちや違う小学校の人たちと話して，友達になれることがユー

ユーアイマーク
このユーアイマークは，ユーアイ・スクエアに参加した子どもたちからデザインを募集し，学生スタッフが一つにまとめたものである。
人型→いろいろな人がいるけれど，みんなで手をつないで仲良くなろう。
虹をつかむ手→虹を手でつかめるくらい，いろんな学校と近くなりたい。
無限大→無限大に友達をつくりたい。

アイ・スクエアのいいところだと思います。ほかにも，初級学校のお母さんたちが作ってくれた朝鮮の料理がとてもおいしかったです。

（林田清文・中西悠子・保科一生）

4 配食ボランティア

◎人権を基盤とした総合的な学習の時間の出発点

　2002年の「総合的な学習の時間」の導入に向けて文部科学省（当時の文部省）は，1998年度の小学校学習指導要領において総合的な学習の時間の取り扱いについて，「各学校は，地域や学校，児童の実態に応じて，横断的・総合的な学習や児童の興味・関心に基づく学習など創意工夫を生かした教育活動を行うものとする。」とし，そのねらいを

Ⅰ　自ら課題を見つけ，自ら学び，自ら考え，主体的に判断し，よりよく問題を解決する資質や能力を育てる。

Ⅱ　学び方やものの考え方を身につけ，問題の解決や探究活動に主体的，創

造的に取り組む態度を育て，自己の生き方を考えることができるようにすること。

と定めた。

　そのような全国的な動きの中で，楽只小学校では，いち早く1999年度より「総合的な学習の時間」を校内研究として取り組んできた。研究主題を「自己実現に向けて，自らを磨き続ける子ども」——人権を基盤として，地域に主体的に関わり，自己を磨き続ける総合的な学習——と定め，授業実践を重ねてきたのである。そして，その取組の中で生まれてきたのが「配食ボランティア」である。これは，もともと楽只学区社会福祉協議会（以下，楽只社協）が地域の独り暮らしの高齢者宅を訪問し，昼食を手渡すと共に，安否を確かめる京都市の配食サービスという事業であった。ここでは，この事業に6年生が参画し，ひととひとのふれあいから学びを重ねてきた総合的な学習の時間（特に子どもたちが，この事業に参画するに至った学習過程）を紹介する。

5年生での取組

〈まち調査隊〉―自分たちのまちを様々な人の立場で見直そう―
「タウンウォッチング（アイマスク）」

　視覚障害者の立場にたって道路や施設を自分自身で観察した。
「小さな段差でもこわい」
「路上に置かれた自転車や看板が大変危険である」
「点字ブロックがあるとまっすぐ歩ける」

「タウンウォッチング（車椅子）」
　車椅子の方の立場にたって道路や施設を自分自身で観察した。
「自転車とすれちがう時は怖い」
「横断歩道を渡るのに時間がかかる」

「自動販売機に手がとどかない」
「タウンウォッチング（高齢者）」
　高齢者の体を疑似体験するために弱視眼鏡や耳栓をし，体や足に重りを着けて町を歩いた。
「階段の下りでは足元が見えにくくて怖い」
「小さな段差でもつまずく」
「とてもつかれる」

　この体験から，さまざまな人々の立場に立った気づきが多くみられた。子どもたちには自分たちのまちに対する関心の高まりが見られ，さまざまな人々の視点に立ってまちを見るという意識が芽生えた。

〈タウンディスカッション〉
　「もっとやさしいまちにするために」というテーマで話し合い活動を進めた。そのまとめとして地域にある視覚障害者施設ライトハウスよりゲストティーチャーを招き，話し合いをもった。
　使う人はほとんどいない歩道橋の階段が，歩道の幅の半分以上を占め，子どもたちは車椅子でのフィールドワークで歩行時の不自由さを感じ，「歩道橋を取り外してはどうか」と提案をした。
　ゲストティーチャーの答えは，子どもたちにとっては意外なものであった。「白杖の使い方が不慣れな方にとっては，歩道橋は遠回りではあっても横断する手段としては利用されているものであり，信号での横断に比べ安全である」というものであった。
　この学習を通して社会的に弱い立場に置かれた人々の視点でまちを見直すことができた。そして，さらに「誰もが暮らしやすい町＝やさしいまち」にしていこうという思いをもつことができた。さらに，自らが視覚障害者であるゲストティーチャーの広い視野に立った町への願いと障害に負けない前向きな生き方を知った。このことは，子どもたちにとって印象深く，子どもたち自身の「まちを見る視野」を広

げ，そのことで自分自身の生き方をも考える学習へと発展する大きなきっかけとなった。

◉ 「配食ボランティア」への発展

6年生での取組

5年生でのフィールドワークを中心とした学習を受けて6年生の総合的な学習の時間は展開された。

保健学習で行ったエイズについての発展的な学習が総合的な学習の時間に行われた。授業では，エイズボランティアがゲストティーチャーとして招待され，子どもたちはHIV感染者に対する偏見や差別は無理解や無関心から来ているということを学んだ。そして，エイズボランティアとして現在は，HIV感染者に対し配食サービスを行っていることも知った。

その話の中で，お弁当を届けることは，単に食事を届けるということではなく，社会的に孤立しがちなHIV感染者の方たちにとって，人と人とのつながりを生むものだということも知った。それと共に「ボランティアはどこででもできる。身近なところから始めては」とアドバイスをもらった。

この取組の後，自分たちの地域でも配食サービスが行われていることを知り，参加に向けて話し合いがもたれた。その際に，社会的に孤立しがちな独り暮らしの高齢者の立場に立って自分たちにできることが話し合われた。その結果，高齢者の方々と一緒に写真を撮り，その写真をカレンダーにして，後日自分たちだけで届けるということが提案された。カレンダーは日常生活において欠かせないものであると同時に，後日配るということで，もう1回会えるよい機会となるからであった。

いよいよ1回目の「配食ボランティア」当日，子どもたちはわくわくしなが

らも心を届けることを大切に、グループに分かれて各家を老人福祉委員の方と共に訪問した。緊張しながらも元気な声で挨拶をし、お弁当を渡す時に、一言二言の会話を交わした。また、握手をし、いよいよみんなで写真ということになるのであった。撮影はそれなりに進むと思われたが、中には撮影に難色を示される高齢者の方もあった。子どもたちと撮影することが好ましくないのではなく、少し恥ずかしかったものと推測されたため、無理強いはしなかった。しかし、別れ際に優しい言葉をかけられたり、中には涙ぐんで喜んでもらえたりしたことで、子どもたちの自尊感情は揺さぶられ、「来てよかった」と感じる子どもたちが多かった。この「配食ボランティア」の活動を通して、子どもたちは、人と人とのつながりを肌で感じたにちがいない。

◎「配食ボランティア」からの広がり

2000年度の6年生から始まった「配食ボランティア」は、その後の6年生にも引き継がれ、休日の取組となった今も多くの子どもたちが参加するボランティア活動として継続的に取り組まれている。そして、今では、この「配食ボランティア」のほかにも、楽只社協主催の「長寿の集い」への参加や、校区に新しくできた特別養護老人ホームへの訪問や交流、「配食ボランティア」で交流しているお年寄りを学校に招待したいという気持ちから生まれた「ふれあい給食会」などの取組も展開されている。

〈長寿の集い〉

日頃、配食ボランティアで顔見知りの高齢者の方々を思い浮かべながら、80名を越える参加者一人一人に手作りのプレゼントを準備し、一人一人の高齢者に声をかけながら手渡す姿が見られた。

〈ふれあい給食会〉

「子どもの頃には給食が無く、給

第5章 まちづくり運動と同和教育

食を食べたことの無いお年寄りにも給食を食べてほしい」という気持ちから生まれた。「お年寄りが喜んでくれる給食のメニューは何かな」「足の不自由なお年寄りにはどんな介助が必要だろう」など，老人福祉委員の方とも相談し，準備を重ね，「ふれあい給食会」の当日を迎えた。子どもたちは一人一人のお年寄りにお茶を出したり，お話をしたり，和やかな雰囲気の中で給食の時間が始まった。給食を食べながら昔の話などをたくさん聞かせてもらったり，今の学校の様子についてなどのお話を交わしたりした。給食の後も楽しんでもらおうと合奏や手品などが披露された。最後には子どもたちがお年寄り一人一人と仲良く歩きながら校門まで送る姿が見られた。

　これらの取組は教室内での知識理解の学習ではなく，自らがまちに出て行動したり，いろいろな人々と出会うことで，相手の立場を思いやったり，考えたりできる学習である。この学習を通して，子どもたち一人一人は地域社会の一員であるという意識や自分たちの住む地域に愛着をもち，自らが主体的に地域に関わりをもとうとする気持ちを育てるものである。

　第6学年授業実践

学習集団	第6学年
テーマ	「生きる」 生きる姿から生き方を学び自分の生き方に生かす
期　間	6月上旬～3月上旬（総時間60時間）

1．テーマ設定の理由
　昨年度は，アイマスク体験や車椅子体験などを通してバリアフリーのまちにするにはどのようにすればよいか，タウンディスカッションという形で児童同士が意見を交流しあい，ゲストティーチャーを迎えて自分たちの提案について意見を聞く活動を行った。
　今年度は，エイズ学習から『差別のない社会＝心のバリアフリーの社会』をめざすボランティア活動を「レッドリボン運動」という形で経験し，ボランティアの意義を体感

した。そこから地域でできる活動に目を向け，独居高齢者へのボランティアを実践し，生き方に働く感性や実践的な態度を育てたいと考え，上記のテーマを設定した。

2．子どもの現実

　小学校高学年のこの時期において，これから社会を生きていくために自分の生き方に関心を持ち，「自分らしく生きる」「豊かに生きる」「共に生きる」という生き方の指標を定め，さまざまな事例を通し学び，その生き方を具体的な場面で実践していく必要があると考えた。そのために，社会の不合理や差別，その歴史的背景などについて身近な素材をもとにして学習を進めていきたい。そこで，さまざまな人権問題に関わりのある人々の生き方や考え方に触れ，学んだことを自分の生き方にどう生かしていくかを互いに話し合い，自分の生き方を探り，同和問題をはじめとする人権問題解決への実践的態度を育てることを願っている。

3．育てたい力

(1)　自分のまわりや社会に目を向け，関心をもち，意欲的に調べようとする力

(2)　問題解決のために，自ら主体的に関わり，自分の生き方に生かす力

(3)　自分で調べ，感じたおもいや考えを伝える力

4．単元の目標

(1)　自分たちのまわりを人権という視点で見つめ直し，課題を見つける。

(2)　自分たちで解決する手段を探り，友だちや社会の人々と実践する。

(3)　共に生きるという実感を味わい，自己の生き方を考える。

児童の活動	支援◇と評価◆
出会い・発見 これから生きていくために必要なものは？ ○ダイヤモンドランキング 　自分の生き方を見つめる 　何を大切にするか。 　友達と生き方を考える 　生き方について話し合う。 　友達の生き方を見つめる 　自他の違いを知る。	◇　「生き方」を考えることへの関心を高め，自己の内面を表現しやすくするために，作業形式のダイヤモンドランキングに取り組むようにする。 ◇　友達のランキングにコメントをつけることで自他の違いを知ったり，よさを認め合ったりできるようにする。

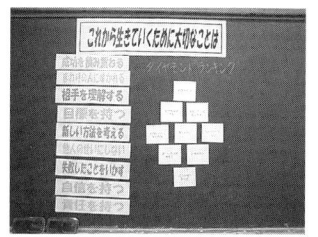

第5章　まちづくり運動と同和教育

探究・追究

いろいろな人から生き方を学ぼう『心のバリアフリー』

○エイズについて
　　エイズについてよく知ろう
　本やインターネットで調べよう，北保健所に調査に行こう

わたしたちにどんなことができるだろう
　《ゲストディスカッション》差別や偏見をなくすには……

自分達にできるボランティアを考え，できそうな事を実際にボランティアをしている人に相談しよう！
　　①小学生向けのパンフレットを作る
　　②励ましの手紙を書く
　　③「レッドリボン運動」に参加する
【エイズボランティアの方との出会いを通して自分たちにできることを考える】
上記の3点を相談した結果，③に決定した。

《ゲストディスカッション》自分たちにできることは……
　地域の社会福祉協議会の老人福祉員さんを教室に招き，これまでに学んできたボランティアの精神をどのような活動につなげていけばよいかを話し合う機会をもった。
　そして，少しでも自分たちにできることを見つけたいと考えた。
　行動化への道筋
　　・独り暮らしのお年よりに，昼食を配る「配食サービス」事業のことを知る。
　　・ぼくらにもできないだろうか？
　　・そうだ，配食サービス〔ボランティア〕に参加しよう！

ボランティアを通していろいろな人から生き方を学ぼう

○配食サービスに行こう
　　・ボランティアの方はお年寄りのことをとてもよく知って

◆　いろいろな考え方を知り，「生き方」に関心をもっている。
◇　保健でのエイズ学習において，病気としてのエイズの理解を深め，関心を高める。
◇　保健所の見学の際には，事前に児童の疑問や課題を説明しておき，児童の差別や偏見に対する関心を高める。
◆　ゲストティーチャーの生き方に共感することを通して，ボランティアへの関心をもつ。

◇　自分達の考えを深め，より意欲的に取り組むために，視点を定めて話し合うようにする。
◆　お年寄りとの交流やボランティアに関心をもっている。
◇　児童の活動が主体的になるために，ボランティアの方々との事前の打ち合わせをしておく。

◇　関心や活動を持続させるために，カレ

83

- おられる。
- ・一緒に写真を写してカレンダーを贈ろう。
- ○カレンダーと手紙を届けに行こう
  - ・本当に自分達だけでお年寄りのお宅へ訪問するのが少し不安だ。
  - ・やさしいお年寄りの方がいっぱいおられた。前よりもいっぱい話ができた。
  - ・おばあさんは，こしが悪く歩くのが遅かったです。
  - ・おばさんにお弁当をわたしたら，泣きかけていたので，びっくりしました。

写真だけでなく手紙も添えよう。

- ンダーを継続して配布するようにする。
- ◆ ボランティア活動を振り返り，その価値を感じこれからの自己の課題をもてたか。
- ◇ 高齢者の方々の立場にたった話し方や接し方ができるように，ゲストティーチャーのアドバイスを参考にするように助言する。
- ◆ ボランティア活動に相手意識をもって意欲的に取り組んでいる。

（井上　猛）

5　人権フィールドワーク

◉レッツボランティア

　楽只学習施設"ツラッティ子どもセンター"での小学校のサマースクールの取組として，3年生以上の児童を対象に行われている「レッツボランティア」という活動がある。この活動は，子どもたちが人権や福祉に関わる施設を訪れ，見学や交流を行っていた「やさしさ探検隊」から発展した活動である。この「レッツボランティア」は，施設を訪問するだけでなく，その活動にボランティアの意味を加え，訪問した施設で自分にできることを考え，実践していくことを通して，さまざまな人との心と心のふれあいを体験し，人権意識の向上を目指しているものである。

　訪問先は地域にある老人ホームや障害者授産所，そして保育所などの施設で，参加者は希望により募るものである。

〈高齢者と共に〉

　核家族化が進み，普段の生活の中で高齢者と接する機会が少なくなってきた子どもたちが，高齢者と一緒に体を動かしたり，簡単なゲームをしたり，話相手になったりした時に，高齢者には，自然に笑顔が生まれ，子どもたちもいつの間にか親近感をもつようになり，高齢者の方々の歓迎ぶりが，子どもたちの活動意欲の向上にもつながる。

　このようなふれあいを通して，子どもたちの高齢者に対する意識は，体が不自由で寂しい老人といったものではなく，同じ地域社会で共に暮らし，人と人とのつながりをもった温かい関係へと発展する。

〈障害者と共に〉

　障害者授産所は，障害者の社会参加を勧める役割を担った施設である。この施設で障害者の方々と共に袋詰めや封筒作りなどの作業を共に進める。その際に，障害者が自分にできることに一生懸命に取り組んでいる姿と直に接することで，地域社会の中で共に暮らす人と人の関係として，互いを認め合い，尊重し合うといった人権意識の基礎が育まれる。

〈小さな子どもたちと共に〉

　読み聞かせをしたり，いっしょに遊んだりする活動や，水着の着替えの手伝いなどを行う保育所での活動には，多くの子どもたちが希望する。しかしながら，保育所での活動を実際に行ってみると，幼い子どもたちへの対応に手間どったり，自分からなかなか積極的

に関わっていけない子どもたちの姿も少なくない。そのような状況に置かれている子どもたちにとって、この保育所でのボランティアは、社会性や人間関係能力を高めるためにも貴重な経験となっている。また、保育所で幼い子どもたちに愛情と優しさを持って接している保育士の姿に接することも、これからの自己の生き方を見つめる機会になる。

● 生きる力を育むために

楽只学習施設"ツラッティ子どもセンター"では、旭丘・嘉楽中学校の合同の取組として、基礎的な教科学習を中心とした講座だけでなく、人権や福祉を題材にした講座も設定されている。ここでは、2004年度に行った講座について紹介する。

① 出会いの中から人権問題を考える取組

1950年に、京都市内12中学校に設置された二部（夜間）学級も、現在では京都市立郁文中学校のみとなった。この二部学級では、朝鮮半島から日本に連れてこられた人たちや幼少の頃学校へ通うことができなかった人たちの読み書き中心の勉強が行われている。

そこで、中学生が直接ハルモニ（おばあさん）に文字を教えるということを取り組んだ。生徒たちは、教えるよりも、逆に教えてもらうことの方が多かったが、最後には、この取組を通して気づいたことや思いを、お世話になったハルモニたちに伝えたり、これからの生き方などについて意見を交わしたりすることができた。

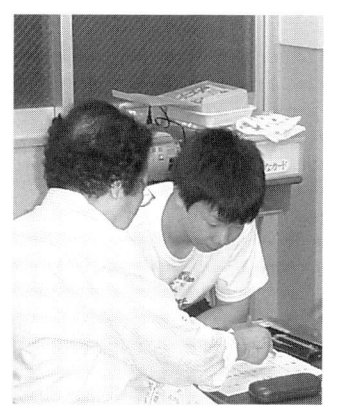

日常的に学校では、在日外国人の人権問題（在日コリアンに対する人権問題）について、社会科や特活、総合的な学習の時間などを利用して学習はすすめられているが、実際に在日コリアンから直接話を聞く機会はないので、この取組で、在日コリアンと出会い、直接ハルモニの生きざまにふれたことは、在日外

国人をはじめとするすべての人の人権について考えるきっかけになったものであり，子どもたちにとっては貴重な経験となった。

② 交流を通して人権問題を考える取組

夏休み中のサマースクールで，「在日コリアン一世高齢者・障害者のためのデイサービスセンター」を訪れ，在日コリアンの高齢者との交流を深める取組が行われた。

ここを利用しているハルモニたちは，日本の文字も言葉も知らず，また財産もなく親類や友人も近くにいないという不安の中，力強く生きてこられた方ばかりだ。ハルモニたちの中には，高齢のために日本語をほとんど忘れてしまい，故郷の言葉でしか会話ができない方さえ存在する状況であった。

この取組に参加した生徒は，一緒に朝鮮の踊りを踊ったり，アリランなどの朝鮮の唄を歌ったり，お昼には，ビビンバやスープもご馳走になった。一日だけの交流だったが，帰る時には「楽しかったわ」「また来てや」など，お互いに別れを惜しむまでになっていた。

デイサービスセンターでのふれあいを通して，朝鮮と日本の過去の歴史やハルモニたちの生き方など，多くのことを直接学ぶことができ，在日コリアンとの共生について考えるきっかけとなった。今後もこのような取組を積み重ね，「高齢者を大切にする地域社会」また「すべての人がお互いの文化と生活習慣を尊重しあえる社会」の実現を目指して行動していこうとする態度を育てていくことが大切である。

③ 人権文化を発信する取組

人権・福祉をテーマにした取組で学んだことを，友だちだけでなく広く地域に向けて発信する取組も行われている。

昨年は，生徒が自ら識字学級へ行き，直接識字学級について調べ，通級して

いる人たちの思いや願いなどを壁新聞にまとめた。

　この取組は，生徒自身が学んだ人権や福祉に関する内容をより多くの地域の人々に発信することを大きな目的としている。ツラッティ子どもセンターのある千本には，人権や福祉について学ぶ場が多くあるので，人権や福祉に関する学習を継続するとともに，より多くの人に学習の成果を発信していくことは，自らの人権感覚を磨くことになる。

　今年度「人権についての発信」に取り組んでいる生徒たちは，先の二部学級での活動に同行し，そこでの友だちの活動の様子や二部学級のハルモニたちへのインタビューを行った。その取材をもとに作られた壁新聞は，ツラッティ子どもセンターに掲示された。

　生徒たちは，取材により多くの知識を得られただけでなく，活動を通して，さまざまな人と出会い，それぞれの人の生き方にふれることもできたであろう。このことは，生徒たちの生きる力にも大きな影響を与えたにちがいない。

　これらの取組に参加した中学生の中には，先に紹介した「レッツボランティア」を体験した生徒もたくさんいた。小学校から人権・福祉に関する活動を積み重ねていくことは，子どもたちの人権感覚をいっそう育み，将来，すべての人が共に生きていける社会を目指していこうとする生き方に有効に働くものである。

　　　　　　　　　　　　　　　　　　（岡本昌人・井上　猛・森田和久）

第5章 まちづくり運動と同和教育

6 千本の地域教材を活用した取組例

◉地域教材の意味について

　人権を基盤とした財産のある千本地域では，独自の同和問題指導の教材を作り，指導案を作成した。

　総合的な学習の時間はもとより，社会科等でも地域に根ざした教材を探し，作り，問題解決的な授業にしていくことは，当然のことである。そのためには，地域を歩き，人と出会い，そのネットワークでまたその輪を広げていく。そのような取組が重要になる。今回は，6年生の社会科単元に地域素材を盛り込み，子どもたちへより身近な史実を伝え，不合理や矛盾に対しての憤りとその共感を培いたいと考える。

◉地域教材を作成するにあたって

　① 位置づけ

　同和問題指導は，児童の同和問題の理解と認識を養い，同和問題解決への実践的態度の基礎を培うことにあることを常に念頭におきたい。その視点をもち，部落史実から，実際の指導では，「そのころ人々からうやまわれつつ，社会からは遠ざけられていた人々」が，すべて近世以降の被差別民衆に編入されたという理解を子どもたちがしないように留意したい。

　② 基本的な態度

　同和問題指導は，社会科学習の一環として行われるものである。そのことから，問題解決的な学習の流れの中で，子ども自身が，自分の問題として追求し，自分なりの考えをもって活動できるようにさせたい。そして，厳しい差別の現実の中で社会や文化を支えた人々の力強さに目を向けるよう指導を展開していきたい。

◉社会科における地域教材の役割

　子どもたちがより主体的に学習するために，身近な教材で授業にすることは大事であると考える。指導にあたっては，差別を生み出し，温存してきた社会

的関係に目を向けさせることが大切である。また，一方，同和地区の人々が立ち上がり，たくましく生きていく姿，誇りをもった生き方をプラスイメージでとらえ，指導していく必要がある。

第6学年授業実践

 社会科学習指導案

1　単　元　源頼朝と武士の世の中（8時間）
　　　　　　「室町の文化を探そう」
2　目　標
　○武士の世の中，鎌倉時代から室町時代を通して，武士による政治が始まる。農民たちは，自らのくらしを守ろうとする意識を高めていき，力を合わせて戦うまでに成長した。
　○日本を代表する能や庭園の文化は，この頃人々からうやまわれつつ，社会から遠ざけられていた人々によって完成された。
3　教材観
　○「絵本を通じて子どもたちに『千本部落』を伝えたい」という思いから，『千本の赤』作成委員会により，作られた。「赤」をはじめとする千本に住む人々の仕事に対する誇りをプラスイメージの価値観としてとらえさせたい。
4　指導計画
　(1)　源頼朝と鎌倉幕府（3時間）
　(2)　鎌倉幕府と元軍の戦い（3時間）
　(3)　今に生きる室町の文化（2時間：2/2時間）
5　本時の目標
　・差別された人々が民衆文化を支えたことに気づく。
　・「人々からうやまわれつつ，社会から遠ざけられていた」ことについて，不合理を感じ憤りをもつ。また，自分たちの地域でも同じような事実があったことを知り，先人の功績を称える。
6　本時の展開

学習内容	支援・留意点	参考資料
○「水墨画」や「石庭」作りの感想を発表する。 ○「水墨画」 　・思ったより難しかった。 ○「石庭」 　・石を置く場所や波の模様に苦労した。	◇「水墨画」「石庭」を体験したことをもとにする。 ◇体験活動をしたときのメモをもとに話し合う。	※水墨画の写真 ※石庭の写真

第5章 まちづくり運動と同和教育

○「庭園作り」をしていた人たちは，その頃に人々からうやまわれつつ，社会から遠ざけられていた人々であったことについて話し合う。	◇室町の文化は，民衆の文化である。	※VTR「龍安寺」「庭造りの名人―又四郎」「又四郎のつぶやき」
○「人々からうやまわれていたこと」について ・すばらしい技能をもっていた。		
○「社会から遠ざけられていたこと」について ・なぜ遠ざけられなくてはならないのか。遠ざけられるのはおかしい。	◇当時の人々の「けがれ」意識にふれ，世の中の風潮（物の考え方）について理解させる。	
○『千本の赤』を読んで感想を話し合う。	◇昔，楽只小学校やその辺りは，「千本野口村」とか「千本蓮台野村」と称されていたことを知らせる。	※絵本『千本の赤』
○「赤」の行動について ・誇りをもって北野神社の庭の手入れをしていた。	◇庭を守る仕事を誇りに思い，責任をもってやり遂げたことに価値観を見出す。	※『千本の赤』の挿絵
○「赤」が「人々からうやまわれつつ，社会から遠ざけられていた人々」であったことにいて話し合う。 ・人々のくらしや人々のために役立つ仕事をしているのに，社会から遠ざけられるのはおかしい。	◇当時の「けがれ」意識の不合理さを押さえると共に，今なお残っている「けがれ観」についても話し合い，そのような差別感覚を否定する。 ◇文化の担い手が一般民衆の中にあったこと，また，その中には当時差別されていた人々の功績が大きかったことを確認する。	
○今日の学習を通して思ったことや感じたことをノートにまとめる。	◇功績が正当に評価されなかった当時の世の中の風潮「けがれ観」について不合理を感じることができる。	

（資料） 絵本『千本の赤』ができるまで，『千本の赤』作成委員。

社会科学習指導案

1 単　元　明治維新をつくりあげた人々（8時間）
　　　　　「新しい世の中が開かれる」
2 目　標
　○明治政府が行った政策と人々のくらしを近代化の過程について考える。
　○明治時代の人々の願いやくらしと近代化について考える。
　○明治政府が行った政策について歴史新聞やノートなどにまとめて発表する。
　○明治政府が行った政策と人々の願いやくらしを関連させて理解する。
3 教材観
　○益井茂平は，蓮台野村に生まれ，父元右衛門の塾を手伝い，茂平の作った学校は，1872年に正式に小学校（後の楽只小学校）として認められ，初代校長になる。茂平の子どもたちや村の人に対する教育への情熱の深さに触れさせたい。
4 指導計画
　(1) 明治維新（2時間：2/2時間）
　(2) 新しい政治と文化（4時間）
　(3) 新しい考え方（2時間）
5 本時の目標
　・益井茂平や村の人々の教育への熱いおもいを感じることができる。
6 本時の展開

学習内容	支援・留意点	参考資料
○前時の学習を想起する。 ○どういう子どもたちが学校に通えなかったのでしょう。 ・生活が厳しい家庭	◇前時の学習を思い出すような資料を提示する。 ◇学校へ通うための経済的な負担が大きかったことを確認する。 ◇めあてをノートに書かせることで，学習課題を明確にさせる。	※明治時代の就学率 ※学校の費用
○本時の学習課題を知る。 ○当時の楽只小学校の様子を知ろう。 ○楽只小学校は，他の学校のように学校に通えない子どもはいたのだろうか。 ・きっといたと思う。	◇益井茂平の顔写真を掲示する。 ◇益井茂平が差別される立場の人物であったことを押さえる。 ◇予想を立て，それを資料から読み取って確かめていくようにさせる。	※益井茂平の写真 ※「茂平と学校」（『壁』より）

第5章 まちづくり運動と同和教育

	◇「茂平と学校」を音読させる。	
○益井茂平について知っていることを発表する。 ・楽只小学校の初代校長先生。 ・楽只小学校の生みの親。	◇村の人たちに教育を受ける機会を保障しようとしたことに気付かせる。	※益井茂平翁石碑
○益井茂平はどんな気持ちで学校を作ったのか知る。 ・どの子も通える学校にしたい。 ○益井茂平はどんなことを考えて学校を作ったのだろう。 ・勉強してかしこくなってほしい。	◇資料を読んで、村の人の協力もあったことを知らせ、自分が考えたおもいと同じであるか確認させる。	※楽只百十年史
○益井茂平の行動に対して村の人はどんな気持ちだったか考える。 ・リーダーとして信頼していた。	◇益井茂平だけでなく、村の人たちも教育に対して熱いおもいをもっていたことに気付かせる。	
○今日の学習を振り返り、益井茂平先生に手紙を書こう。	◇学習のまとめとして、子どもたちの手紙を綴り文集にする。	

(資料) 『壁』千本部落解放史研究会, 1982年。
　　　 益井茂平翁石碑（楽只小学校校庭）
　　　 益井茂平肖像
　　　 楽只百十年史

明治のはじめの就学率

	男	女
明治6年	39.9%	15.1%
7	46.1	17.2
8	50.4	18.5
9	54.1	21.0
10	55.9	22.4
11	57.5	23.5
12	58.2	22.5

(注) なお、明治12年の出席率は、69.5%であり、就学しても欠席する人が大変多かった。

益井茂平肖像

> 社会科学習指導案

1　単　名　世界に歩み出した日本（10時間）
　　　　　　「民主主義の意識が高まる」
2　単元目標
　○日清・日ロの戦争や条約改正，科学の発展などについて調べ，日本の国力が充実するとともに国際的な地位が向上していったことをとらえるようにする。
　○当時の社会情勢の中で，より人間らしい生活を求めて，社会運動が高まってきた理由を理解する。
3　教材観
　○南梅吉は，米騒動が起きた社会背景の中，水平社を創立し，初代中央執行委員長に選ばれた。本部も南宅に置かれ，解放運動を展開していった。また，楽只小学校の運営資金の寄附も寄せ，他人に親切で，世話好きであった。そのような彼の生き方に触れさせたい。
4　指導計画
　(1)　中国やロシアとの戦争（3時間）
　(2)　産業の発達と人々のくらし（3時間：本時2/3）
　(3)　第一次世界大戦と日本（4時間）
5　本時の目標
　・米騒動が起きた社会背景を理解するとともに，生活や人権を守るために人々が立ち上がったことに気付くことができる。
6　本時の展開

学習内容	支援・留意点	参考資料
○米騒動について振りかえる。 ○さまざまな分野で運動が高まり，民衆が立ち上がったことに気づく。 　・労働運動や小作争議があった。 ○いろいろな運動が高まる中で，「日常生活の上で差別されてきた人々は」はどうしただろう。 　・生活は苦しかったと思うけれど，立ち上がったと思う。 ○全国水平社の創立とその意義について考える。	◇前時の学習を思い出すような資料を提示する。 ◇特に社会的に弱い立場の人々の生活への圧迫がより一層厳しいものであったことに気付かせる。	※前時の板書等 ※米騒動の写真

第5章　まちづくり運動と同和教育

○全国水平社の創立のための事務所が千本につくられたことを知る。	◇民衆の気持ちに意識を向かせ立ち上がった南梅吉の行動力と願いに気付くようにする。	※山田少年の叫び
	◇これまでのさまざまな差別を振り返りつつ，人々の立場になって考える。	※水平社宣言文
		※全国水平社聯盟本部石碑
○南梅吉の生き方にふれる。 ・自分たちの町の人たちが立ち上がったのはすごいと思う。		
		※南梅吉肖像
○学習のまとめをする。今日，学習してわかったことをまとめる。	◇学習カードに今日学んだことを自分の言葉で書くためにキーワードを用意する。	

（資料）　全国水平社聯盟本部石碑（楽只福祉センター敷地）
　　　　　南梅吉肖像（図説　水平社運動　水平社博物館発行）
　　　　　集会に参加する人々の写真（図説　水平社運動　水平社博物館発行）

全国水平社聯盟本部石碑
（注）「人の世に熱あれ，人間に光りあれ」とのことばが刻まれている。

(林　明宏)

7　同和問題指導の展開——京都市の指導計画について——

◉児童に育てたい力

　児童の発達段階に応じた「同和問題に対する正しい理解と認識」と「同和問題の解決に向けた実践的態度」を育てることを目的として、小学校6年生の社会科の教科書に同和問題に関する記述がなされたのは、1974年である。京都市では、6年生での同和問題指導をより確かなものとするために、小学校全学年で、生活科や社会科、道徳、生徒指導において「人権に対する認識を育てる指導」を位置付けている。これは、お互いの立場や考え方を尊重し、同じ人間として共に生きていこうとする態度を育てておくことが、6年生の社会科で同和問題と出会った時に、過去の出来事とか自分とは関わりのないことといった捉え方ではなく、同じ社会に生きる人間としてあるいは、これからの社会を築いていく人間として「人権という視点で日本の社会」を考えていこうとする力を身につけさせようとする考えからである。

　実際の指導に関して、京都市教育委員会では、「同和問題にかかわる単元の指導」（6年生社会科）と「人権に対する認識を育てる指導」（1～6年生の生活科・社会科、道徳、生徒指導）という指導資料を作成し、市内の全小学校において、これらの指導が行われるようにしている。

◉6年社会科における「同和問題にかかわる単元指導」及び「人権に対する認識を育てる指導」の単元と留意点

◎小学校社会科の目標

> 　社会生活についての理解を図り、我が国の国土と歴史に対する理解と愛情を育て、国際社会に生きる民主的、平和的な国家社会の形成者として必要な公民的資質の基礎を養う。

◎同和問題指導の意義

> ○同和問題の解決が国民的課題であり、民主主義社会の形成のためには不可欠の条件であるという認識が社会全体のものとなりつつあるとき、同和問題に関する

第5章　まちづくり運動と同和教育

> 内容が，昭和49年度から小学校の教科書に，翌50年度から中学校の教科書に明記され，その指導が積極的になされてきたことは，すべての児童・生徒に同和問題の認識を深める指導を推進する上で大きな意義がある。
> ○同和問題の解決を目指すには，小学校から，発達段階に応じて同和問題に対する認識を深めさせ，その解決を自分の課題としてとらえる態度を育てていくことが大切である。
> 　同和問題の解決は，基本的人権にかかわる極めて重要な課題であると認識して指導に当たらなければならない。したがって同和問題に関する内容の学習においては，児童・生徒に同和問題の認識を深める指導を推進し，民主主義社会の形成を目指す態度の基礎を育てることが大切である。その際，小学校では，自分を取り巻く社会を見つめて，矛盾や不合理を鋭くとらえることができる児童の育成に主眼をおき，中学校では小学校での学習の上にたって，矛盾や不合理を社会的関係の中でとらえ，それを解決しようとする強い意志や態度を育てることが大切である。

としている。また，人権に対する認識を育てる指導の基本的な考え方として，

> 　歴史単元で指導する内容は，中世以降の歴史学習及び政治単元で行う同和問題にかかわる指導において，生きてはたらく力となるため，大切な意味をもっている。ここでは，各時代の社会のしくみやその変遷について正しく認識させておくことが重要である。とくに，人々の人権が社会のしくみの中で，どのように取り扱われてきたかについて，次の点に留意して指導する必要がある。
> ◎歴史の流れの中で，民衆の立場を大切に取扱い，人権が尊重されなかった事実と人々の願い，また人権意識の芽生えの様子等を通して，人権について正しい考え方や指摘ができるようにすること。
> ◎歴史の中における社会的矛盾，不合理に対して問題意識をもち，資料等を活用しながら歴史的事実，事象の相互関係を見極め，その社会的意味を科学的にとらえさせるようにすること。

としている。このような目標や考え方のもと，6年生社会科では，以下のような年間指導計画の中で，指導が行われている。

6年社会科の単元と留意点（平成17年度市立小学校教育課程より要約）

同和問題にかかわる指導	人権に対する認識を育てる指導
◎日本の歴史（4月中旬〜11月下旬　68時間扱い）	
	1　米づくりのむらから古墳のくにへ
	・生産力を高めた豪族は他の豪族を支配し，生産力の大小が人間に上下の関係を生んでいったこと。 ・渡来人が伝えた文化の影響力や重要性について ・勢力の強い豪族や大和朝廷などの強力な権力と人々の生活との関係
	2　聖武天皇と奈良の大仏
	・渡来人やその子孫が土木工事や寺院の建築，仏像の鋳造などの技術面や文化，政治の面で大きな役割を果たしたこと。
	3　源頼朝と鎌倉幕府
・石庭や能のように，「このころの身分の上で差別をされていた人たち」によって，すぐれた文化がつくりだされたこと。	
	4　3人の武将と全国統一
	・秀吉による朝鮮侵略が朝鮮の民衆を苦しめ国土を荒らした上に，日本の民衆をも苦しめる結果になったこと。
・刀狩りや検地によって，武士が民衆を支配する体制を固めていったこと。	
	5　徳川家光と江戸幕府
・幕府や藩の都合で「百姓や町人とは別に身分上きびしく差別されてきた人々」に対して厳しいくらしを強いたことが人権を無視した政策であったこと。	
	・鎖国によって，オランダと中国だけに貿易が制限された中で，朝鮮とは国交と貿易があったこと。また，朝鮮通信使が，庶民の歓迎を受けただけでなく，文化な

第5章 まちづくり運動と同和教育

	どの発展にも寄与したこと。
6 江戸の文化をつくりあげた人々	
・「百姓や町人とは別に身分上きびしく差別されてきた人々」の貢献によって『解体新書』が完成したこと。 ・渋染一揆は，抑圧されていた「百姓や町人とは別に身分上きびしく差別されてた人々」が，不当な差別に対して立ち上がり，人権を守るために闘った一揆であること。	
7 明治維新をつくりあげた人々	
・江戸時代の身分制度は改められたが，身分の違いは新しい形で残されたこと。また，解放の法令により，身分上は解放されたが，日常生活では差別が残されたこと。	
	・女子の教育を受ける機会が奪われていた事実から，教育の機会均等の重要性に気付くこと。
8 世界に歩みだした日本	
	・日本の植民地になった朝鮮で人々はどのような気持ちで生活していたのか，朝鮮の人々の立場で考えること。
	・米騒動がその後の社会運動の契機になったこと。また，民衆運動や労働運動・農民運動などの社会運動は，生活の改善や権利の拡大，女性の権利と地位の向上を目指す運動であったこと。
・水平社運動は，人間としての生きる権利を求める運動であったこと。また，水平社宣言は，人間尊重の精神に支えられた差別のない社会を目指す人権宣言であること。	
9 長く続いた戦争と人々のくらし	
	・創氏改名，植民地での徴兵令，朝鮮の人々や中国の人々に対する強制連行，強

		制労働など日本は朝鮮の人々の生活やくらしを抑圧するだけでなく，民族としての誇りを傷つけたこと。
	10　新しい日本　平和な日本へ	
		・現代社会には，さまざまな人権問題があることをとらえ，自らの人権を守るためには他者の人権を守る必要があること。
・一人一人の人権が大切にされ差別のない社会をつくり上げたときに，本当の民主主義社会になること。		
◎わたしたちの生活と政治（12月上旬～1月下旬　17時間）		
	2　わたしたちのくらしと日本国憲法	
・世界的に基本的人権が保障されていること。		
		・朝鮮人をはじめ多くの外国人が，犠牲となったこと。

　上記の学習を進めるに当たっては，「当時，身分的に差別を受けてきた人々」の苦しみや厳しい差別については考えさせなくてはならない。しかし，この差別の厳しさだけでは，「差別されてきた人がかわいそう」「自分でなくてよかった」といった同情あるいは第三者的な捉え方に終わってしまい，差別を受けてきた人々に対する「マイナスイメージ」を残す結果になってしまうおそれがある。厳しい差別の中でも生命と誇りをかけて闘い続けてきた人々の熱いおもいや逞しい行動を通して社会の矛盾や差別の不当性に気付かせたり，長い差別の歴史の中で築かれてきた文化や伝統が民衆の生活を支えてきたことなどに気付かせることによって，社会に対する憤りとともに，人間のすばらしさにも気付かせなければならない。

　同和問題にかかわる学習の中で，子どもたちが，「差別」を人間という立場で考え，「差別」に対して自分なりの思いをもてるようにするためには，生活科や社会科，道徳や生徒指導での「人権に対する認識を育てる指導」で，特に子どもの心を揺さぶるような指導を積み重ね，それぞれの立場で物事を考えら

第**5**章　まちづくり運動と同和教育

れる力を育てておくことが大切となってくる。

(林田清文)

> **学習課題**
> ○　「まちづくり」と「ひとづくり」の関係についてまとめてみよう。
> ○　千本地域での取組が，学習センターの共同利用を推進していった経緯を調べてみよう。
> ○　同和教育を地域教育として位置付ける考え方についてまとめてみよう。
> ○　千本地域で取り組まれている各実践の意義・目的を同和教育の視点からまとめてみよう。
> ○　地域教材を取り入れた同和問題学習の実践について，さまざまな地域の取組を調べてみよう。

第6章

今日の部落差別につながる歴史

1 日本における非人と穢れ意識の発生

　今日の部落差別につながる江戸時代の穢多，非人などという身分は，日本の歴史にどのように生まれてきたのだろうか。なぜ彼らは穢れた者として不浄視，卑賤視され，最も低い身分とされたのか。それぞれの時代の中で，どのように生活し，どんな社会的な役割を担ってきたのか。

　そもそも穢れとは何なのか。科学技術の発達した21世紀を迎えたこの社会に存在する祈り，まじない，因襲，風習，たたり，占い，迷信などという非科学的な伝統や五穀豊穣や災厄，疫病に関わる祭礼，祝福芸と穢れとの関係は。穢れを祓い，清め，幸運を祈願してくれる聖なる存在として畏敬されながら，穢れの世界に住む存在として忌避，蔑視される被差別民・賤民とは。そうした観点から，今日の部落差別につながる日本の歴史を振り返ってみていきたい。

1 「非人」と呼ばれる人々とは

◉身分制度の出発点

　日本の歴史に身分制度が現れるのは，紀元107年に倭の国王が160人の「生口」を中国の皇帝に献上したという記録である。生口とは奴隷のことである。また，魏志倭人伝の記録から女王卑弥呼が呪術的な祭祀政治を行った邪馬台国には「大人」「下戸」「奴婢」という身分があったことがわかる。この身分制度は，豪族集団の征服・支配の紛争関係の中で形成され，勝者が敗者を奴隷的存在としてきたものと思われる。

4世紀から5世紀にかけて大和・河内の有力豪族が連合し，大王(おおきみ)を頂点として成立した大和朝廷は，勢力の拡大を図り，国土統一を進めた。大王は天皇(すめらみこと)と称され，天皇中心の中央集権的な政治・社会体制が整備されていく。また，このころ，朝鮮や中国からの渡来人によって仏教や儒教，さまざまな技術が伝えられ，政治のあり方についても大きな影響を受けていたと思われる。そして，645年の大化の改新を経て律令国家が成立することとなる。国土創造の神の子孫とされる天皇が，全国土・全人民を支配する公地公民制を定めるとともに，時間の軸さえも支配するため日本に「元号」をもたらした（元号は天皇の即位や慶事・災害や迷信を理由に天皇の在位中であっても何度も改元されていた。一世一元となるのは明治になってからである）。

　691年には「良賤の規定」「奴婢の制」が定められ，「貴」なる存在としての天皇・支配者が人民を「良」「賤」に分けて支配する身分制度が成立する。「良」のほとんどは公民とされ口分田を与えられた農民であった。しかし，部民の系譜をもち朝廷に隷属する工房人で，製紙，漆工・染工，造船などの生産や雅楽演奏，鷹飼・鵜飼，造園などにあたる「品部(ともべ)」と，甲冑や弓矢の製作，馬の飼育などにあたる「雑戸(ざっこ)」は，「良」の中でもより低い身分とされた。

　「賤」には，陵戸・官戸・家人(けにん)・公奴婢・私奴婢があり「五色の賤」と呼ばれ，同じ色（身分）での結婚しか認められなかった。陵戸は天皇や皇族の墓の守衛に従事し，官戸は宮内省に隷属して政府の雑役を行った。家人は貴族などに隷属し一家を構えて農業に従事していた。公奴婢は政府に属して，一部は宮中行事に際して天皇の災気や穢れ祓いに用いられたりもしていた。また私奴婢は寺社・貴族・豪族官人層などの所有物として雑役に従い，家族をもつことも許されず，財産として売買される存在であった。

　人民はこの頃作られた庚午年籍(こうごねんじゃく)や庚寅年籍(こういんねんじゃく)という戸籍や計帳によって管理され，良民・賤民に対してそれぞれ口分田が与えられ，租庸調などの税や課役を負担する社会であった。

　この古代賤民制は，日本の身分制度の出発点といえるであろう。かつては，この「品部」「雑戸」を含めた賤民身分を近世の穢多・非人などの起源とする

説もあったが，今では基本的には否定されている。なぜなら，当時，租庸調などの重税と強制労働によって苦しめられていた良民や奴婢の中には与えられた土地を捨てて逃亡する者が多くいたこと。743年に墾田永年私財法が出され私有地が公認されると，逃亡民を抱え込んで未開の土地を開墾して荘園とする貴族・寺社・地方豪族が出現したこと。つまり，班田収受制度の崩壊によって公地公民制を柱とする律令制度が維持できなくなり，8世紀後半には「良」と「賤」の間に生まれた子どもが「良」とされ，「品部・雑戸」が制度的には消滅し，やがて907年には奴婢解放令が出されるなど，「賤」身分の制度は事実上解体されたこと，などからである。ただ，奴婢や陵戸，品部・雑戸が従事していた特定の仕事やその人々の居住地域に対する賤視・差別意識が残ったことは考えられないことではないとされている。

● 非人とされた「罪人」

　律令制度がほぼ解体し，賤身分が実態として良民化していく平安時代のはじめ，新たに社会的に賤視されることとなったのが非人と呼ばれる人々である。非人という言葉は，仏典では「人間でない異類」を表し，まさに「社会外の存在として人ならぬ身」ということである。人間でないという意味では，大和朝廷に属さない辺境の人々を「化外の民」＝蛮族として蝦夷，土蜘蛛，熊襲，隼人などと称していることも想起される。これは中国の中華思想の影響を受けたものであろう。空海も蝦夷に対して「非人」と呼んでいる。大和国家に服属しない周辺の人々を人間外のものとして扱う意味で「非人」という言葉が使われたと思われるが，同一社会を構成する人間に対して，この非人という言葉がはじめて使われるのは史料の上では罪人に対してである。

　842年承和の変で，天皇に対する謀反を企てた橘逸勢が本来死罪とされるところを減ぜられて伊豆に流される際に「非人」姓とされている。氏姓制度のもとでは，姓がその人の地位・身分を表していた。また，道鏡との権力闘争に敗れ失脚した和気清麻呂が穢麻呂にされるという例もみられる。以降，政治的な罪人に対して「非人」，あるいは罪人を管轄する役人を「非人長吏」の語を

使う例が続き，やがて一般的な罪人全体が非人と呼ばれることになったようである。

ところで，罪人の管理は，律令制の動揺によって盗賊などの犯罪が増加し，それを取り締まるために設置された検非違使が行い，獄につながれた未決の罪人は獄囚とよばれた。徒刑囚は引き続き獄に収容されたり，各役所に配属されたりし，労役が課せられた。刑期を終えた囚人は放免（ほうめん／ほうべん）と呼ばれたが，凶悪犯などは出獄が認められない者もいた。そして，これら獄囚たちの労役が，8世紀ごろから道や橋の建設・整備などの土木工事と宮城周辺の汚穢と厠等の清掃とされたことは，彼らに対する賤視観をもたらした大きな要因となる。

◉非人とされた「乞食」

巨大な都として建設された平城京・平安京は，天皇一族やそれにつながる支配者層・官僚と，地方から徴発され都の警固にあたる衛士たちが，諸国から納められた租庸調などの税収入で生活が保障された政治都市であった。しかし，平安京では，地方での荘園の拡大に伴って中央の収入が減り，政治都市としての経済基盤が揺るがされることになった。商売や行商を行うものも現れ，地方からの流入者も増加し，そうした人々が都市のさまざまな分野・機能を担って生活するようになった。当然それらの中には生活に困窮し飢餓に苦しむ者も出現することになる。そして彼らは道端や家々を訪れて物を乞う生活を行うようになっていった。つまり，「乞食」が登場する。「乞食」という語は，本来仏教の托鉢を行う乞食行に由来するもので，仏教の広がりを受けて，乞食の多くは「僧」のような姿をすることもあった。そのため，正式の僧と区別するため彼らは「濫僧」（らんそう／ろうそう）とも呼ばれることもあった。

古代社会においては，生活困窮者や病者の世話・養育は，当初は親類や村落共同体での「助け合い」が慣例であった。天武天皇の時代からは「賑給」も行われた。「賑給」とは天皇の即位や病気，飢饉や疫病に対して，全国規模あるいは特定災害の地を対象として百姓に稲や布を支給することである。さらに奈

良時代には，光明皇后らによって施薬院・悲田院が設立され，病者や孤児を収容する救済活動も行われている。

　平安京においては，この賑給，および悲田院や施薬院への収容活動が頻繁かつ積極的に行われるようになった。つまり，そうした活動を必要とする現実があったのである。しかし，これらの救済の対象は戸籍に記載された良民＝公民のみであり，公民維持策として行われた。

　これに対し，施行（せぎょう）と呼ばれる貧窮者に食料を施す救済策が天皇や貴族たちによって行われるようになる。これは，仏教の布施思想の影響を受けたもので，当時，悲田院の周辺などに集住していた乞食や病者（その主となるのが癩（らい）＝ハンセン病患者），獄につながれた獄囚に対して行われた仏教的な慈悲・功徳の事業である。施行は中世に入ってもたびたび行われ，先に見たように乞食が僧の姿をしていることから「濫僧供」とも称された。しかし，平安前期において，こうした施しを受けるだけで乞食たちの生活は維持できず，一方，そうした彼らの存在を社会が許すわけもなく，何らかの生業や社会的な存在役割が求められていく。そうした中，842年，乞食たちは鴨川の死体＝髑髏5500体の焼却処理に動員される。こうした出来事をきっかけとして，乞食も先に見た罪人＝獄囚と同様に京中の清掃・汚穢の処理に従うようになり，以降彼らも検非違使の管轄の下で非人と呼ばれることになっていったと考えられている。

◉「病者・障害者」へのまなざし

　乞食生活をする人々の中には，病者，障害者も多く含まれていた。特に癩＝ハンセン病は，外見的な変形を症状とするがゆえに忌み嫌われた病気で，キリスト教では旧約聖書に「汚れたもの」として隔離することとされていた。日本においても，奈良時代には仏罰とされると同時に，神道の穢れ意識によって罪とみなされる存在であったが，律令制下にあっては保護の対象であり，社会的に排除されることはなかったようである。しかし，律令制の崩壊後は，仏教の浸透，中でも「法華経」がその過酷な病状をして，大乗（だいじょう）誹謗（ひぼう）の罪報による業病とみなす考え方が広がり，癩者への忌避が強まり，家族・社会から排除され，

鎌倉時代からは非人に引き取られて一生を終えるものとされていった。癩者は，ハンセン病者のことであるが，当時は疱瘡や痘瘡などの重度皮膚病者も含まれていた。彼らは，カタイ，物吉とも呼ばれ，近世に至るまで，僧の姿で正月や歳末に町や村を回って「ものよし」という祝言を唱えて物乞いを行っていた。

盲目・聾唖も，癩と同様に法華経を誹謗中傷した者がこの世に生を受けたときの姿とされ，その身体は穢れており不浄だとされた。それは，鎌倉時代から登場する僧形の盲人が説話や伝承をまじえて祈祷・鎮魂を語って遍歴する琵琶法師，それを引き継ぐ近世の座頭や，三味線を弾き，唄を歌って各地を遊行する瞽女に対する賤視へとつながっていく。このように癩者・障害者は，家族からも引き離され生活手段も持たない者として乞食渡世を送らざるを得なくなっていた。中世の非人施行を描いた図には，多くの癩者が覆面をして施しを受ける姿が描かれている。乞食の中に多くの癩者が含まれるということが，乞食全体を穢れた存在という意識を強めさせたと考えられる。

2 穢れと非人

◉穢れ意識の広がり

穢れとは，民俗学ではハレ・ケ・ケガレの「ケガレ＝気枯れ」と捉えられているが，日常からはみ出したもの，生活秩序を脅かし，不気味さを感じさせる得体の知れないものといえる。この穢れの意識がいつから成立したのかはまだ不明であるが，魏志倭人伝や日本書紀に，死者と接した後に水に入って身を浄化した，身についた穢れを祓うため一定期間忌み籠りをするといった記述が見られる。穢れは取り除かなければならないもので，それを怠ると人に災いがもたらされると考えられた。災いとは天変地異などの自然現象や自然の人為的変更から失火，政治的謀反，人の犯す罪などが含まれ，そうした事象がまた，穢れを発生させるものと考えられた。

律令社会において身分制度としての貴賤観に加え仏教的な浄穢観が浸透し，穢れの忌みが制度化されていく。何を穢れとし，それを取り除く期間などが定められた結果，天皇や貴族の間に穢れ意識が強く広まっていくのである。

第**6**章　今日の部落差別につながる歴史

　836年には宮中で穢れが発生したため神嘗祭が中止されるなど，その後，犬や牛馬の死骸などが宮中に入ったことを理由とした祭祀の中止が増加していった。

　872年には穢れに触れた際の宮中への参内，神事の自粛の日数が，人の死穢は30日，産穢は7日，六畜（馬・羊・牛・犬・豕（＝猪）・鶏）の死穢が5日で産穢が3日，喫宍穢（獣肉を食すること）3日，失火穢は7日と定められる。血穢，産穢，死穢は三不浄とも呼ばれた。

　927年の延喜式には穢れの伝染に関して，甲乙丙三転の規定が追加される。これは穢れに直接触れた甲と同席した乙には穢れが移り，また乙に同席した丙にも穢れが移るが，丙に同席した者には穢れは移らないとするものである。

　こうした規定は貴族たちの生活に大きな影響を与え，穢れをいかに避けるかが大きな関心事となっていった。

◉穢れ除去を担う非人の成立

　天皇・貴族社会が穢れに恐れおののくようになった結果，聖なる都市である京の都にとって穢れ除去は政治的にも重大な課題となってくる。この穢れの処理を管轄したのが検非違使である。検非違使は従来からあった犯罪人の捜索や処罰などの警刑吏的職務や警護に加え，10世紀末からは疫病流行によって京中の路頭に放置されたり堀にたまったりした死体の片付けや，祭礼や神事の順路などの掃除・汚穢の処理を命じられるようになる。また，長雨や地震などの災害の原因となる穢れを探索することなども担当する。これは，卜占にもとづいて行われるもので，たとえば長雨の原因を占ったところ神社に穢れがあるとの託宣が出て，検非違使が探索した結果，祇園社の中に二体の死骸を発見し，それを放置したと思われる「葬送法師」が逮捕されている。このことは，占い，お告げ，たたりといった呪術的要素が当時の社会で現実に機能していたことが証明される事例である。

　こうした職務を執行するには多くの人手が必要となる。それを担ったのが検非違使の管轄する囚人や刑を終えた放免であり，悲田院や清水坂下，鴨川の河

109

原などで暮らす乞食であった。罪人とともに穢れを除去する清めの仕事をすることで乞食は罪穢に犯された罪人＝非人と同一視されていくのである。延喜式927年には下鴨神社の南辺には四至＝境内の外にあっても濫僧・屠者の居住を禁止する命令が出されているが，濫僧とは乞食，屠者とは狩猟者のことで，穢れた存在として認識されていたがための追放であった。

こうして，穢れの除去を担う集団としての罪人と乞食が非人とされていくのである。

2　中世の賤民

1　宿と散所

◉宿と坂の者

古代賤民制が解体してからの最下層身分としては，荘園領主や地主に隷属する「下人」「所従」と呼ばれる人々が残存した。彼らは雑役に従事し，古代の奴婢のように売買の対象であった。しかし，平安末期に非人身分として登場した罪人・乞食・癩者のように「穢れた存在」として忌避される対象ではなく，やがてその売買は禁止され，自立した農民への道をたどることとなる。

一方，先に見た検非違使の下で穢れの除去を担うこととなった乞食は，京においては悲田院周辺や清水坂下などに集住するようになり「宿」「坂の者」と称され，その頭を「長吏」と呼ぶようになる。そして一部のものは，清浄で神聖な空間であることが求められる寺社・貴族屋敷の清め役として，有力な寺社などとの結びつきを強めていく。

清水坂下とは，東山にある清水寺から西へ下った地域で，坂を下っていくと珍皇寺，念仏寺さらには空也が開いた六波羅蜜寺へと続き鴨川に至る。清水寺の背後には平安京の代表的な葬送の地である鳥辺野が広がり，まさにあの世とこの世の境界といえる所である。この地の北には祇園社が位置するのである。

ここに集住する乞食たちは「清水坂下の者」「清水坂非人」と呼ばれ，祇園社との結びつきを背景として，京都の死体片付けなどの穢れ除去に関わる非人

全体を統括するような大きな力をもつようになる。京中で行われる葬送や供養・法要での施物の要求や、癩者の引き取りを自らの権益として主張するのである。また、その支配範囲をめぐっては、春日社・興福寺に仕えることで大和・南山城の非人を支配する奈良坂の北山宿と勢力を争うこともあった。

祇園社に出入りする清水坂非人は「犬神人（いぬじにん）」とも称され、祇園社領域内で発生する穢れ、犬猫さらには人の死体除去などの清めの仕事に加え、鎌倉時代には領域内の警刑吏役・下級警察業務にも使役されたが、普段は沓・弓弦（くつ）などを製造することから「弦召／弦売僧（つるめそ／つるめそ）」とも呼ばれた。

犬神人は、有名な祇園社の祭礼の際には神体が神輿に乗って移動する道路の清掃・警固をする役割を担い、室町期には神幸列に鎧姿で柿色の衣を着て白布で顔を包み、棒を持って先導する清め役を行っている京都の祇園祭では大正時代までこうした姿が見られた。現在では地方の祭礼行列にその名残が一部みられるだけである。

◉散所・声聞師

清水坂や奈良坂などの宿の非人に対し、中世には散所人（さんじょにん）＊と呼ばれる非人が登場する。

> ＊散所とは荘園領主の本所に対し、それ以外の散在所をさすという説や、律令官制である本所に対して中下級官人が各地に散在しているという意味とする説、地子（税）の免除された土地でその代わりにその住民は雑役に従事させられるとする説などいまだ議論が続いている。

非人として賤視される散所の成立は、平安末期、院や有力貴族などの権門勢家に隷属することで先に見た検非違使からの使役を免ぜられ、菩提寺などの掃除役を課せられた乞食の人々の居住地やその集団を散所（人）と呼ぶようになったからと考えられている。散所の非人は定期的な庭掃・掃除に従事しつつ、正月には仙人の装束をつけ寺院や禁裏、院や貴族の家を訪れて新春を寿ぐ千秋万歳という祝福芸能を演じ、鎌倉後期には猿楽・能楽も演じるなど、その後もさまざまな芸能を担うこととなる。散所の乞食は、生きていくための方便とし

て僧の姿をしていることから散所法師とも呼ばれた。

　また，彼らは，中国の陰陽五行説に道教や儒教，日本古来の神道の要素が加わった陰陽道の担い手である陰陽師として占いや加持祈祷も行った。古代の陰陽師は，律令制度の規定により，賀茂氏・安倍氏の下で天文・暦数・卜筮にかかわる役人であり，占いは政治方針を決定する上で大きな要素をもっていた。平安期には有名な安倍晴明などもあらわれ，貴族らに対する個人的な祈祷なども行われていく。中世に入ると庶民の生活にも陰陽道が浸透し，散所非人は季節的な祝福芸を行うとともに呪術的な民間陰陽師としても活動することとなり，彼らは声聞師（唱門師）とも呼称された。

　しかし，室町期には，武士勢力の支配の強まりによって，散所人が掃除役として身を寄せた社寺・公家勢力が弱体化し，散所の特権は失われ，解体されていく。応仁の乱に続く下剋上という戦国動乱の中で，声聞師としての特権を放棄したり武士に従ったりして賤民からの脱出を図る動きも出てくるが，一方で，1527（大永7）年には京都の禁裏近くにあったと推定される声聞師村は，田地をめぐる争いで2,000人が押しかけると数千人でこれを迎え撃っている。また，一向一揆と対抗する法華一揆衆に二度にわたって放火されたりしている。そして，1593（文禄2）年，秀吉によって京都から強制追放されるという事態を迎える。近世になると声聞師は身分制度の上では賤民から脱していくことになるが，彼らの担った芸能や職掌に対する賤視観念は近世から現在に至るまで水面下で残り続けている。

2　穢多と呼ばれた清目・河原者

◉斃牛馬を処理する穢多

　日本の歴史で「穢多」という語が初めて登場するのは，13世紀の史料で，河原に住み牛馬を食する人がエタと記録され，またキヨメがエタと呼ばれている（キヨメとは穢れを清めることで，宿や散所の非人たちも行ってきたが，身分の呼び方としては鎌倉中期からは穢多に対して用いられるようになる）。そしてエタの語源を「餌取」に求めている。餌取とは鷹飼いのための餌をとることを職業とする人

第6章　今日の部落差別につながる歴史

のことで，律令制の品部として鷹や犬の養育を担当した鷹戸を引き継ぐものであろう餌取は「屠児」とされ，牛馬などを屠る者として意識されていた。それは，先に見た宿や散所の非人・濫僧とは違う存在として記録されているのである。エタは斃牛馬（へいぎゅうば）の処理に携わり，当然皮革生産を行っていた（天狗草紙に皮を干している姿が残されている）。

「えた」
『職人尽歌合』より（大阪人権博物館蔵）

　エタの初出に先立つ11世紀の史料にも，鴨川四条あたりの河原人が，死んだ牛を引き取って解体したところ，牛黄（牛の胆のうにできる胆石で，漢方の薬用として貴重なものであった）が出てきて，それを持ち帰ったが，検非違使庁の役人が聞きつけて牛黄を奪い取ったという記述がある。この「河原〈人〉」は「河原者」という語の初出史料とされているが，少なくともこの時代に河原で死牛馬の処理に携わる人が生活していたことが確認できる。なお，「河〈川〉原者」の語は14世紀に，死者の衣装の取得権をめぐって犬神人と争い，侍所が河原者に理ありと判断した記録の中に登場する。

　斃牛馬の処理に関わっては，仏教の殺生禁断思想の深まりによって675年「殺生禁断」の最初の勅令が出され，以降，聖武天皇741年など同様の詔が出され古代から鹿や牛馬，猿などの屠殺は禁止されてきた。しかし，律令体制において牛皮は，朝廷や諸国の需要に応ずるものとして生産され，革工は皮革を納める代わりに雑徭（ぞうよう）を免ぜられていた。その皮革の最大の用途は軍用の甲冑であった。

　平安末期からは，武士勢力の時代となる。武士社会にとって武具甲冑の材料となる皮革の生産・管理は重要な政治課題となる。その結果，清目，河原者と呼ばれる穢多は皮革処理の職掌から武士勢力と結びつき，幕府の末端機構として，かつて非人が担っていた下級警刑吏役として刑の執行や牢番に使役されることとなる。15世紀には，1441年河原者1,000人が兵具を帯びて獄門の列を警備

113

した記録などが残っている。つまり，朝廷官庁である検非違使の機能・役割が武士政権の機関である六波羅探題や侍所にとって代わられることによって，清水坂非人や獄囚・放免の課役が消滅することとなり，彼らに対する賤視意識を成立させた根拠も失われていくこととなる。こうして，近世を迎えたとき，中世の非人の中で穢多・河原者だけが，賤民として最下級身分に編成されることとなっていく。

◎京都の被差別部落に関して

　さて，現在の京都市内にあるいくつかの同和地区の源流をたどると，この河原者にたどり着くことができる。鴨川河原に集住し，皮剥ぎや皮なめしに従事した「河原者」「河原細工人」や造園に携わった「庭者」にさかのぼることのできる同和地区が存在し，室町初期にあたる14世紀末の資料に「清目屋敷」と記載された集落が，その後，耕地を広げ近世の穢多村，今日の同和地区につながっていることも明らかとなった。また，14世紀初頭の1307年に「野口の清目」が争いを起こした記録が北野神社の史料に残っており，この野口も近世には穢多村となる蓮台野村の前身と想定される。

　この蓮台野村（のち野口村）は現在の千本部落であり，もう少し詳しく見ていきたい。蓮台野は鳥辺野と並ぶ京の葬地で，かつての平安京を二分する南北の中心通りであった朱雀大路の今日の通り名である千本通りの北限にあたる。千本の卒塔婆が立てられたことがその名の由来とされる千本通りに面して，聖徳太子が母の菩提寺として開いたとされる上品蓮台寺（香隆寺）があり，平安時代には天皇家の茶毘所であった。後には千本釈迦堂（報恩寺），千本閻魔堂（引接寺）などが立ち並ぶことになる。ここに位置する994年創建の今宮神社の地では，それ以前から災厄の祓いや，非人施行が行われる畏怖される地であった。

　「野口の清目」に続く史料として1490年「千本の赤」という河原者が登場する。赤は北野神社が戦乱による焼跡や汚穢始末をよその河原者に依頼したことに対し，「北野社への代々の奉公」を主張して権益の回復を求めている。彼ら

は普段から肉食を制禁している河原者と記録されている。この千本の河原者は禁裏の梅の木の植樹にも関わっている。1566年には近衛家とつながる「野口の河原者」が，猪の肉を扱っていた人が皮も扱うようになったことに対し，皮革の生産流通の権利を主張して争いを起こし公事銭を要求している。1607年には蓮台野の「河原中」が所有していた涅槃堂屋敷が大徳寺に売り渡されている。

　こうした各部落の歴史が発掘されることで，現在の同和地区の起源や成立を近世政治起源説では説明できないことが明らかとなったのである。

◉庭造りに携わる河原者

　室町時代から，寺社や公家に出入りして庭の造作や手入れをする庭掃，庭師，御庭者などと呼ばれる山水河原者も現れる。庭造りについても，古代から庭は祭場であり穢れを取り除き，たえず掃き清めて美しく整備する必要があった。

　山水河原者で有名なのは15世紀に活躍した善阿弥とその孫の又四郎である。善阿弥は，室町御所新第や興福寺大乗院門跡などの庭園つくりを行い，慈照寺銀閣を建てさせた足利義政に寵愛され，病気になったときには薬を下賜されるほどであった。孫の又四郎は「それがし一心に屠家に生まれしを悲しむ。ゆえに物の命は誓うてこれを断たず，財宝は心して貪らず」との言葉を残している。河原者といってもすべてが斃牛馬処理や屠殺に関与していたとはいえないのである。

　禁裏に出入りし，朝廷の年中行事として正月に箒を献上したりする庭者は小法師と呼ばれ河原者が担っていた。1427（応永34）年には「禁中川原者は不浄」という理由で散所者にとって代わられたが，その後また河原者の庭者が出入りするようになっている。近世に入っても，小法師役は穢多村が担い，蓮台野村からも幕末まで麻裃，羽織・脇差姿で，菊の御紋付き箱提灯を朝廷から給われて小法師役を務めていた。

3 中世の文化・芸能に関わる賤民・非人

　中世非人はさまざまな名称で呼ばれることとなる。その多くは彼らが演じた

芸能・生業からくるものが多数を占めている。歌い，舞，踊ることは古来から祭祀において神や聖霊，霊魂などとの交流であった。また，そこで使われる原始的な楽器の音は神の声であり祝いや呪いの音であり，それは弥生時代の銅鐸にも見られる。人間の化身である人形についても縄文時代の土偶の呪術性にまでさかのぼることができる。それらを演じ，奏で，操作する人々はその神秘性を有するとともに「きよめ」役を担うゆえに，当時の人々にとって畏怖され賤視される存在となっていった。祭祀で寿（ほかい／ことほぎ）を述べ，人々から畏敬の念を持たれる祝言人（ほかいびと）は，一方では他人に食を乞う乞食人（ほかいびと）でもあった。

そうした乞食の芸能を担っていくのが散所の声聞師（唱門師）たちであった。声聞師は自分たちの専業として支配下にある業態として「陰陽師，金口（かねくち），暦星宮，久世舞（くせまい），盆・彼岸経，毘沙門（びしゃもん）経等芸能」を上げ，「猿楽，アルキ白拍子，アルキ御子，金タタキ，鉢タタキ，アルキ横行，猿飼」を職種としている。ここに上げられたさまざまな芸能（者）がどのようなものであったのかを簡単にみておくことにする。

○能・狂言

古代に大陸から渡来した散楽を母胎として，平安時代に猿楽となる。その後，祝福的要素をもつ翁猿楽やストーリー性のある劇や，滑稽味の強い狂言などに発展していった。猿楽を芸術的に高め，神や物語上の人物が登場する能として完成させたのが観阿弥（かんあみ）・世阿弥（ぜあみ）父子であるが，その出自は賤民と推定されている。世阿弥の作品には，殺生戒を犯した猟師や身体を汚した遊女などがその卑しい身の上，罪業の哀しみ苦しみをテーマとした内容がみられる。世阿弥は幼い頃，将軍義満に寵愛されて祇園会の桟敷に同席していたことを，「散楽者は乞食の所行なり」と非難されている。

○鉢叩（はちたたき）（鉢屋（はちや）），鉦叩（かねたたき），茶筅（ちゃせん）

空也・一遍の流れを引き，各戸を回って死者追善の経をあげ念仏を唱える下級宗教者のことで，瓢箪を叩き，茶筅を売って歩いた。鉦を叩いて念仏を唱える者は鉦叩きという。中国地方に多く見られ，茶筅，ササラとも呼ばれ，今日の解放運動に参加している地区もある。

第6章　今日の部落差別につながる歴史

○ささら

　ささらとはもともと台所用品のささら，茶筅など先を割った竹棒のことで，楽器としては，すりざさらとびんざさらの2種がある。すりざさらは平安時代から田植え囃子や田楽踊りに使用され，中世になると念仏聖や放下などが世捨て人のしるしとして所持し，説経を語るささら説経に受け継がれた。また，松囃子や鳥追い，節季候(せきぞろ)などの芸能者が新年を寿ぐ際の伴奏にも使用された。びんざさらは，田楽法師たちが田楽踊りに使い，現在でも各地の民俗芸能に用いられている。

○放下(ほうか)

　鎌倉時代から江戸時代に見られた大道芸の一種で，もともとは禅の教義を広める活動として芸能を演じていたが，室町期からは僧の姿や烏帽子姿で曲芸や手品を演じる芸能者となった。

○鳥追い

　作物の実りを妨げる害鳥を追い払う小正月の民俗行事。近世の京都では岡崎悲田院配下の非人が白布覆面姿で米銭を乞い，江戸では非人の女が門口に立って三味線を弾き，役銭がかけられた。

○節季候

　年の暮れに人家を訪れ，越年の無事，来る年の祝語を唱え，太鼓やすりざさらを鳴らし，喜捨を乞うた。

○猿曳き

　猿飼，猿回し，猿遣いなどともいう。平安時代から母猿は馬の守護神とされて飼育されており，厩などの祈祷につかわれ，その使い手は呪者として祝言も唱えた。猿に芸を仕込んだ猿回しは鎌倉時代から現れ，正月などに厩の祓いを行い，また，大道芸能として確立されていった。

○傀儡(くぐつ)

　もともとは人形のことで人形遣いをする芸能民を称した。尼僧の姿をした女性が曲芸や人形戯，手品などを行い，舞い歌う放浪の芸能民とされているが，宿駅などでの定住を示す史料もある。傀儡女を売淫する遊女とする記録もある。

117

夷人形や首掛の箱人形を使った夷かき，夷まわしとよばれる門付け芸や浄瑠璃操り，文楽の原型とも言える。

　以上，声聞師たちが担った芸能のさまざまな有り様をみてきたが，それらはすべて現在のテレビでみられる芸能人・タレントの歌や踊り，ドラマやトークショーなどと違って，神や仏の恵みのもとで人生の祝福を祈願し，五穀豊穣に感謝し，それを妨げる穢れを祓うという意味が存在したのである。
　さらに，芸能の範疇に入らないが，中世の賤民には，次のように呼ばれる人もいた。
○隠亡（三昧聖）
　恩坊・御坊・煙亡などとも書く。死体の火葬や埋葬，墓守を職とする人々。加賀藩では藤内と呼ばれる身分が，岡山藩では茶筅・鉢屋などがその隠亡役をしていた。
○細工（人）
　一般的には職人のことであるが，斬首や獄門首の始末などの刑吏役に従事する例もある。河原細工が草履の一種である裏無を献上したり，穢多や散所民が築地，井戸掘，池浚，壁塗などを行ったりしている。

3　近世身分制度のもとで

　17世紀に長崎で出版された『ロドリゲス日本文典』は，「七乞食」として「猿楽，田楽，ささら説経，青屋，河原の者，革屋，鉢こくり」をあげ，それらに携わる人々を「物貰い」「もっとも下賤な者として軽蔑されている」と紹介している。外国人がこのように記述する近世社会において，賤民はどのような状況だったのかをみていきたい。

第6章　今日の部落差別につながる歴史

1　近世の穢多

●身分制度の確立と差別

　信長・秀吉は、全国的な検地・刀狩を実施して武士・百姓・町人という身分の固定化をもたらし、全国統一の事業の抵抗勢力である伝統的な寺社勢力などには徹底した殲滅・弾圧で対処した。信長の比叡山延暦寺の焼き討ちはそこを本寺としていた祇園社の領主権を弱体化させ、祇園社と結びついていた清水坂宿が統括する非人の平人化をもたらしていく。犬神人も祇園祭の穢れ除去としての先導役としてのみの存在となる。散所も彼らが掃除役として仕えた社寺や公家など権門が没落する中で賤民から脱していくこととなった。

　京に入った信長や秀吉は、都の治安維持のあり方については、従前の制度・しくみをそのまま活用し、室町幕府の侍所のもとで行刑役や雑役を務めていた河原者の役負担は、そのまま江戸幕府の京都所司代・京都奉行へと引き継がれていく。ただ、秀吉は、陰陽道は国家を犯すものとして1593（文禄2）年に京や堺、大坂、奈良の陰陽師（声聞師）をほぼ根こそぎ駆り出して、荒地の開墾のため尾張へ送り出すといったことも行っている。

　中世の河原者・穢多は秀吉の検地帳などには「かわた（皮多、皮田、革田、川田とも表記された）」と記載され、彼ら自身もそう自称していたが、後に「穢多」と記載されることになる。関東では穢多を「長吏」と呼ぶことが多い。江戸幕府の社会は、居住や職業の自由や身分をこえた結婚は認めないという厳格な身分制度を原則とし、武士には軍役、百姓には年貢、商人・職人には地子、穢多・非人には斃牛馬処理や掃除・清め、目明しなどの下級警吏や牢番、処刑人などの刑吏の役負担が課せられていた。大阪の穢多村である渡辺村などは「役人村」とも称された。警刑吏役については、京都では本来町人である青屋も穢多支配の下で刑場の警固や二条城の掃除役を担っている。青屋とは藍染め業者のことで、何故にそのようなことになったのか諸説がある。

　全国的に警刑吏役を担う賤民身分は穢多であったが、地方によっては独自の賤民身分がいた。北陸加賀・能登では、中世期から寺院に従属し清掃・茶毘に携わる「藤内」と呼ばれる賤民集団がおり、元禄期以降には警察・行刑業務を

担当する賤民身分と位置づけられた。中国・山陰地方には鉢叩き村の方が穢多村より多く、鉢屋やささらが穢多とともに警刑吏業務を分担していた。

● 皮革処理と履物業

　近世に来日した西洋人の記録に、「皮剥ぎというもっとも卑賤な階層が、彼らだけの一種の社会を形成し、皮や草履作りに従事し、刑吏や囚人の監視を行い、年末や新年の数日だけ家々を物乞いしてまわることが許されている」(16世紀)、「皮の加工に従事する穢多と呼ばれる人の村があり、この人たちは一般に嫌われていて非常に低い独特の階級に属し、隔離された村に住む。その昔隣国朝鮮と戦ったときの捕虜の末裔」(19世紀)、などと述べられている。

　ここで、穢多・非人の起源を異民族に求めている点については、このころから厳格な身分差別の維持に向け、穢多＝異民族起源論が出回り始めたことを意味する。この考えは、明治に入っても根強く残ることとなる。

　「革は所々の穢多これを造」りとされているように、皮革処理は穢多の独占的な権益であった。牛一頭分の皮は米一石分に相当するものでそれなりの収入が保障されていた。しかし、戦乱の時代が終わり安定した幕藩体制が確立されると、武具の需要が減少して皮革生産は停滞することになる。その状況を抜け出させたのが雪踏の普及で、穢多の収入・生業に大きな変革をもたらす。雪踏の製造にかかわった穢多村の人口は急激に増加しているのである。

　それまでの一般民衆の履物は、藁を編んで作られ、農作業や旅の必需品であった草鞋か、藁や藺草、藤蔓、棕櫚葉、竹皮などで作った草履表に中芯と裏(底)を付けた草履であった。雪踏とは、草履のうち竹皮の表に牛皮の裏をつけたもので、江戸時代ではハレの日などに使用する高級な履物で、当初は武士や上層の町人にしか手の届かない物であったが、元禄・享保年間から町人層に広がっていった。とはいえ高価であったため、草履表だけを買って後から雪踏直しに革裏を付けてもらうようなことも起ってくる。雪踏直しは屠児とされ穢多の専業であった。一方、草履表の中でも伊勢表の生産は三重県の穢多村がその中心であった。こうして履物に対する穢多の関わりが強まり、雪踏直しは

下駄直しにも進出し，江戸末期には，それを禁止するお達しが出されるが，明治になって革靴が普及してからも，被差別部落の日稼ぎ業として履物直しは重要な仕事となるのである。

2 近世の非人

　江戸時代に穢多とともに最下層の身分とされた「非人」とは，中世の非人とのつながりもあるが，江戸時代の前期に非人小屋や悲田院などに集まる浮浪者や乞食がまとめられて編成された身分で非人頭などに支配された人々のことである。ただ，江戸の非人頭・車善七が穢多頭・弾左衛門の配下とされていたように非人は穢多の支配を受けており，そうしたことから，穢多よりも低い身分と位置づけられている。非人は一般に生産労働への従事が認められず，薦被りをして一定の地域内で銭物を乞う乞食，中世の芸能民の流れをくむ門付け芸などを行う物貰い渡世が中心であったが，川の不浄物の処理や紙屑・ボロ集めなどに従事した。町や村に番人として雇われ警備や雑役を行ったり（非人番という），犯人探索などの下級警刑吏役などを務めたりもしていた。

　非人には，こうした役負担の課せられる「抱非人」のほか，心中の失敗者や摘発された隠れキリシタンが「非人手下」とされた非人，百姓・町人が没落して放浪者・乞食となった「野非人」があるが，この野非人の発見は抱非人の役目であり，追い払われて国に戻されることが多かった。非人は頭髪をザンバラ髪にされ，手ぬぐいの長さまで制限を受けるなど厳しい差別を受けた。

3 近世被差別民のしごと

◉近世の芸能

　享保年間1719年に浅草に住む関八州の穢多頭弾左衛門が提出した中世以来の賤民層の担ってきた職業を由緒書には，「長吏，座頭，舞々，猿楽，陰陽師，猿牽き，鉢叩き，放下，鉦打ち，獅子舞，傀儡，青屋，壁塗り」など28種が挙げられている。また，明治維新後，政府の調査に対し，かつて穢多頭であった弾直樹は「乞胸」の支配下としたものとして「綾織，猿若，江戸万歳　辻放下，

操，浄瑠璃，説経，物真似，仕方能，講釈，辻勧進」の11種を挙げている。

このことからも分かるように，まさに現在のテレビで目にする「芸能番組」の内容のオンパレードと言える芸能は，江戸時代は最下層の身分とされた穢多・非人の領域であった。こうした門付芸，大道芸を担っていたのは，散所・声聞師系の非人が中心であるが，河原者・穢多村にも雑芸能に関わる人々がいたことが近年明らかとなっている。

「猿楽」
『職人尽歌合』より（大阪人権博物館蔵）

江戸では，簡単な芸を演じて喜捨を乞う雑芸能者は乞胸乞食といい，弾左衛門配下の非人頭・車善七のもとで乞胸仁太夫が管轄し，身分的には町人扱いで足洗いも可能であったが，その稼業から非人の一党とみなされた。穢多の手下としての「宿（夙）の者」とされているところもある。

穢多がもつ権利として，勧進能，人形浄瑠璃，歌舞伎，相撲（角力）などの興行権・勧進権がある。境内や河原などに小屋がけして木戸銭をとって興行を行う際に，「櫓銭」を納めるしきたりである。また，祭礼などの持ち場の縄張りや先払いと警固の権利も有していた。先に見た蓮台野村も1716（享保元）年に相撲の興行主である寺を相手に櫓銭を求めて争いを起こしているが，その中で，櫓銭の使途を刑場で使用するすき・くわ・かま・ほうきなどの調達の費用であると主張している。治安対策の上で，不特定多数の人々が集まる芝居などを監視・警戒する役割もあったとも思われる。

◎穢多支配を脱した芸能

芸能に対する穢多の支配から脱したのが歌舞伎と人形浄瑠璃である。わが国の代表的古典芸能とされる歌舞伎は，1603（慶長8）年に出雲阿国が京都北野神社境内や鴨川四条河原で舞い踊ったことから人気芸能となった。歌舞伎は「傾

く」が転じた語とされているように，異様で華美な風体で演じられ，江戸初期には女歌舞伎や若衆歌舞伎が禁止されたりした。17世紀末の元禄期に作家の近松門左衛門や役者の坂田藤十郎，市川団十郎らを得て庶民の娯楽として隆盛を迎えた。

　こうして発展してきたことを背景とし，1708（宝永5）年，京四条河原の人形の操り師小林新助が，興行権をめぐって弾左衛門との間で訴訟を起こした。人形浄瑠璃などの人形操りは中世で最も卑賤視された芸能である傀儡子が元となっている。弾左衛門は，芸能は中世以来賤民の支配下にあり，歌舞伎・人形浄瑠璃の興行権は自分たちにあると主張した。しかし，幕府は長年の慣習を覆して弾左衛門側の敗訴を言い渡した。これを知った歌舞伎役者二代目市川団十郎は，歌舞伎が穢多支配から脱したことをよろこんでこの一件を書写した勝扇子（かちおおぎ）と題する小冊子を残した。

　これによって歌舞伎役者は身分制度の上では脱賤化するが，歌舞伎などの芝居劇場は遊女を収容した遊郭とともに「悪所」とされ，江戸では弾左衛門の屋敷のある浅草，大坂では道頓堀の一角に封じ込まれ隔離された空間であった。また，歌舞伎役者や遊女を描いた浮世絵も，当時は賤しき芸術とみなされていた。地方の地まわりの歌舞伎一座などは「役者村」に居住し，引き続き賤視されてきたがゆえに「河原芸能」「河原乞食」「賤敷身分（いやしき）」とされていたのである。

4　身分差別の強化と解放への動き

　この出来事は幕府の賤民への対応の転換の一つと捉えることができる。つまり，幕藩体制の確立期には，江戸時代初期の幕府の賤民政策は，信長や秀吉がそうであったように従来の賤民の職能や役割，その自治的有り様を引き継ぐ融和的な政策であり，各地方・藩においても独自な対応を認めていた。しかし，幕藩体制が動揺しだす18世紀に入り8代将軍吉宗の享保の改革から風俗矯正の名の下に抑圧的な封じ込み政策が行われようになる。人別帳などへの身分呼称も「穢多」との記載が浸透し，「穢多・非人」制度の政治的固定化が強化されていくのである。

度重なる飢饉などによって京都・江戸には地方からの流入者が増大し，民衆支配の根幹である身分制の立て直しが迫られる。幕府は1778年に穢多・非人・茶筅たちが百姓・町人の風体をすることを禁止する「穢多非人等の風俗取締令」を出し，各藩でも髪型や衣服を制限し，穢多と分かるように五寸四方の毛皮をつけさせるような命令が出されたりした。こうした命令が出されるということは，「身分不相応とされる生活」をしている現実が進行していたことの証拠である。また，穢多・非人などの動向把握のため，いわゆる「穢多狩り」がたびたび行われた。これは，町人に紛れ込んで生活している穢多を探し出して，元の身分に戻そうとするものである。1740（元文5）年には蓮台野村穢多の伊兵衛が町屋の遊女ちよを妻としたことが「ふとどき」とされ，三条大橋で三日晒され伊兵衛は追放，ちよも穢多手下として穢多身分にされた。19世紀初頭には長崎でも丸山遊郭の遊女を妻とした穢多が追放され，妻は非人手下とされ，また，穢多・非人が丸山遊郭に行ったため処罰を受けるといったことも起こっている。

　このように，近世後期になって身分制度の引き締めが行われるが，これに対する抵抗も各地で展開される。「穢多」という文字を当てることの不当性を自分たちの「由緒」に基づいて主張したり，斃牛馬処理・皮革生産が天皇の許可を受けたものであり，かつて中国も日本も革服を着て肉を食べ，神前に獣を供えていたと訴えたりした。開国によって外国人が来日するようになると，異国人は肉を食べるのだから，自分たちから「穢多」という文字を取り除いてほしいとの要望も出される。風俗統制に対しても，篠山藩の浅黄無紋の着衣強制や信濃での足袋の使用差止めに対し穢多の人々は強く抵抗している。こうした抵抗で有名なのが岡山藩の渋染め一揆で，藩内20数カ村千数百人が参加して渋染め着用の命令を実施させなかった。また，各地で続発する百姓一揆に穢多が参加することも少なくなかった。ただ，こうした一揆の鎮圧や首謀者の行刑に穢多や非人が動員されたのも事実であり，明治維新の身分解放令に対する「解放令反対一揆」をもたらす一因となったと思われる。

（菅野泰敏・熊谷　亨）

第**6**章　今日の部落差別につながる歴史

学習課題
○　古代の身分制度について調べてみよう。
○　非人と呼ばれる身分の発生と，彼らへの賤視意識についてまとめてみよう。
○　「穢れ」の制度や意識について，現代社会の生活と結びつけて調べてみよう。
○　中世・近世の賤民身分の生活と文化について調べてみよう。
○　「穢多」身分と他の賤民との違いをまとめてみよう。

第7章

近代の被差別部落と水平社運動

1　明治維新と解放令

1　解放令の背景と意義

1871（明治4）年8月28日に解放令が公布された。この解放令という呼称は，大正期に入って融和運動の過程で使われだしたといわれている。賤民廃止令や賤称廃止令とも呼ばれ，正式な名称はなく，太政官が公布した賤民制度の廃止を目的とする布告の略称である。

この解放令は，前半の一般原則的な部分と後半の行政機関（府県向け）への布告部分の二つに分かれている。その内容は，江戸時代にあった穢多非人などの賤称を廃止し，身分や職業を平民と同じにすることを布告し，各府県に対してはこれを実施していくための手続きとして，戸籍への編入，身分・職業の同一の取り扱い，地租など租税が免除される土地があれば，それをなくす方法を大蔵省に伺い出ることを通達している。

さて，解放令を新政府はどのような理由から出したのであろうか。また，被差別部落内外の人々にどのように受け止められたのであろうか。

解放令が布告された背景を新政府の立場に立つと，「諸外国に対する体面上」「部落民から租税徴収を行うため」「自由な労働力の創出のため」「徴兵制実施のため」「皮革産業の独占権を奪うため」「近代的統一国家形成のため」「部落民の労働力を新国家建設に利用するため」などいろいろな見方に分かれる。

一方，被差別部落の立場に立つと，解放令は突然に出されたものではなく，いろいろな歴史的条件（被差別部落の人々の闘い）の蓄積があって出されたもの

であるということができる。

　江戸時代にさかのぼれば，大塩の乱・竹皮値下げのたたかい・渋染一揆などがあり，幕末から明治のはじめにかけては，新しい時代への期待から，被差別部落の人々の解放への動きが活発化していたのであった。

　このような動きは，商品経済の発展が身分・職業・居住を一体化した身分制度を崩壊させつつあったこと，そのなかで被差別部落の経済的向上や人口の増大，一般社会との交流などが差別制度を不合理なものと自覚させる意識が背景にあったと考えられる。

2　解放令と被差別部落

　被差別部落の人々の具体的な動きを見てみると，幕末の1867（慶応3）年2月に摂津国渡辺村から幕府に対して「穢多」の身分を取り除く願いが出され，京都の蓮台野村（のち野口村―千本部落）でも，1868（明治元）年8月，天皇の東京行きに際して，蓮台野村年寄元右衛門は「供奉」の願書を由緒書とともに京都府にさしだしている。

　蓮台野村には，御所で掃除などの仕事に従事する小法師役をつとめるものがおり，天皇家とかかわりがあったからである。しかし，この歎願はかなえられなかった。そればかりか，朝廷は天皇の東行に際して穢多村は天皇の目に触れないようにし，その身分の者たちの外出を禁止したのである。

　また，年寄元右衛門は解放令に先立つ1870（明治3）年1月20日に同じく京都府に身分取り立ての歎願書（口上書）を提出している（後掲資料「汚名廃止請願書」参照）。元右衛門はそれらの中で，自分たちの由緒を述べ，差別されるいわれなどないことを次のように主張した。「今般御復古，有難くも衆庶の御撫育を専一に遊ばせられ感戴至極，殊に旧弊御一洗の折柄，私共類村に至りて迄，素より神洲の生民に候処，却て穢多の名これあり候は，何共嘆かわ敷く存じ奉り候」と述べ，さらに続けて類村の多くは農業に従事しており，「皮角の品」も扱う者もいるが国のための仕事の一つとしてやっているので，このために差別されることはないと述べたのである。

第7章　近代の被差別部落と水平社運動

　そして，新政府発足を期に「穢多の身分を省き，士民同様に扱っていただきたい」ということを堂々と主張している。また，元右衛門の子，茂平（第5章93頁，益井茂平肖像）も同じ年（1870）の12月，「類村汚名の儀廃され」たいとの願書を差し出している。そこには，大阪渡辺村等の同士と相談し，近畿一円の「類村」に呼びかけて鉄道施設の費用，労力を提供してもよいと書かれている。つまり，提供できるだけの「財力・労力」があり，それらを「類村」に呼びかけるネットワークが形づくられ，意志疎通が図られていることを示している。このような願書はなんども提出されており，その写しの一つが和泉の南王子村（現在の大阪府和泉市内）で発見されている。

　このように蓮台野村年寄元右衛門とその子茂平は，汚名廃止の歎願書を京都府に提出したが，このような願いを提出したのは2人だけでなかった。

　そして，この動きに押されるかのように，京都府は政府に対して，茂平が願書を差し出した翌日の同年12月18日に，穢多非人身分のものを平民に抜擢するように求めたのである。また，東京では弾直樹（第18世弾左衛門）が政府に働きかけ，政府部内でも穢多非人身分の廃止をめぐって公儀所で論議されるとともに，大江卓が民部省に賤称廃止の建議を出している。このような背景があって，解放令は公布された。

　明治新政府の改革の中で，解放令のみが封建体制に関わる改革のように見られがちであるがそうではない。1870年9月に平民に姓を名乗ることを認め，1871年8月，散髪・廃刀を許し，華族・士族・平民の通婚を許した。さらに解放令の公布後，華族・士族に職業の自由を許可し，土地の永代売買禁止を解除した。このように新政府の政策によって封建体制は崩され，その政策の中の一つとして，解放令は存在するのである。

　この解放令の重要な点は，穢多非人等の賤民身分に置かれていたものすべてを一挙に平民身分に編入したことにあり，これが出されて以降は，いかなる公権力といえども，法律や条例を定めて部落の人々を差別することができなくなったことである。ここに解放令の画期的な意義があったのであり，近世の封建的，合法的な身分制度が廃止されたということである。

（兵庫部落問題研究所（復刻版）発行『明治之光（上）』より。）

被差別部落の人々は，もちろんこの解放令を喜んで迎えた。中には，死んだ牛馬の処理の拒否を申し合わせたり，これまで排除されていた神社の氏子や祭礼に加わるなど，差別の撤廃を要求したり，平民としての行動を起こした。大阪の渡辺村では，1871年9月22日，村の秋祭りが行われ，平民になって初めての祭りということで村中が太鼓を出して踊り，全身で喜びを表した。見物人も街頭に集まり，大変なにぎわいであったらしい。

3　解放令反対一揆

解放令が出された翌年，壬申戸籍が編纂された。この壬申戸籍には，基本的には，平民として扱われたが，地域によっては被差別部落の人々を「旧穢多」「新平民」という差別的呼称で記載するところがあった。これは，被差別部落外の人々の差別意識が取り除かれていなかったということである。

たとえば，解放令を受けて出された「解放令にともなって津県から出された

> 汚名廢止請願書
>
> 左の一論我先々代が明治三年に政府へ提出せしものの今に遺たり因て貴社に寄す
>
> 洛陽　有齢生
>
> 乍恐奉歎願候口上書
>
> 一、一昨辰年八月元右衛門より供奉願書奉差上候節有増奉申上候通り私共類村義在昔は奥羽より土氏に御座候尤其邊總而被爲聘東裏王化に不奉復者も有之途に神宮に被爲御祓軒御座候從處伊勢神宮に被爲御祓軒の御運踊奉居從候處伊勢帝爲爲御祓軒より當時之
>
> 帝鳳凰左右に被爲近候事日本書紀とも御座候
> 一、應仁帝國境を御定玉ひし時針間國神崎郡瓦村圍邊にて菁葉之其川上より流れ下るを伊許呂自分の此に日本武尊に復歸爲しものに付
>
> 帝更に御思墓被爲在之命をもって姓佐伯之直を賜ひ其復歸しもの等又功を遊候侯御鳳爲在之於候爲以姓由姓氏族等に相見へ其時より佐伯部と相成候候様奉存候
> 一、仁徳帝御時御憎しみを蒙り五ヶ國へ散亂其後安康帝皇子之頓内私等祖先佐伯部仲子近江國來田綿蚊屋野に其終始に忠死仕候事も御座候且仁賢帝御代佐伯國郡に散亡之佐伯部を
>
> 御捜索被爲在候年等も書記に相見へ申候
> 一、騎又古より今に至り小法師定と相唱へ私村内より平常両人或は三人所緝付籠提灯を祈持式穀献上物いたし顯獻上物も御座候又御墓者所御墓場に薪火被下被爲御燒時に白人称讚に白木綿一匹をも御墓所に爲御日御儀又は錢七十七年冬には小豆粥其外一匹を下し被爲御賜候…
>
> …（以下略）

布令」によると，それまで，穢多・非人をはじめとする被差別民の使う火と水は穢れていると信じられていたために，家の中の汚れたものを捨て，川で身を清め，火を改め，すべて清浄にするように命じている。さらに，それまで排除され続けてきた神社の氏子にしてもらうように命じている。同じような布令が度会(わたらい)県でも出され，伊勢の被差別部落の人々がこれに従って，川で身を清め，伊勢神宮に参拝し，地元神社の氏子になったがこの布令が守られたのは，限られたごく一部の地域だけで，ほとんどの地域では被差別部落外の氏子が抵抗し，同じ神社の氏子にはされなかったのである（「三重県人権センターパンフレット・近代史Ⅰ」より。次頁資料参照）。

地域によっては，買い物をしても直接お金を受け取らないとか銭湯に入らせないといった差別的な事例があり，穢れ観による根強い差別意識があったことをうかがい知ることができる。

また，解放令反対一揆は，江戸時代の差別政策によって強化されたこのよう

【読み下し文】

今般穢多平民同様ニ被
仰出候ニ付テハ家内煤払いたし
糞灰不浄之品取捨是迄之
火を打消川筋等へ男女人別
子供ニ至迄罷越垢離を取身ヲ
清メ氏神へ参詣神主相頼
神楽ヲ上ケ氏子ニ相成神前
ニ而篝を焚右火ヲ火縄ニ付帰り
銘々火ヲ改可申事

一 是迄風体改革平民同様可心掛
  事

一 革商売之儀ハ銘々都合次第た
  るへき事

一 兼而被仰出候御法度向弥堅相
  守他所ハ勿論郷市ニおゐて不礼
  不作法不致様猶店先等ニ而不行
  跡之振舞無之様万端相慎ミ候様
  心得可申事

右之通来月三日村役人共
立合前条取扱可申候事
但氏神ニ可相成神職共へも
此旨相達可申事

【訳文】

このたび、穢多も平民と同じよう
という法令が出されたことについては、
家のなかのすす払いをし、汚れたもの
を捨て、これまで使っていた火を消し、
男女・子どもに至るまで全ての人が川
へ行き、身を清潔に清めなさい。
そして氏神に参詣し、神主に頼んで
神楽をあげ、氏子にしてもらい、神前
で火をたいて、それを火縄につけて持
ち帰り、家の中の火を改めなさい。

一 これまでの身なりを改めて、平民
  と同じようになるよう心がけなさ
  い。

一 皮革の商売は、自由にしてよろし
  い。

一 かねてより出されている法令をき
  ちんと守り、どこにおいても無礼不
  作法のないようにすること。なお、
  店先などで身持ちのよくない振る舞
  いは慎むよう心がけなさい。

来月三日、村役人立ち会いで前条の
事を行うこと。
但氏神になる神社の神職の者たちへこ
の旨を伝えること。
このことはみんなにふれ回ること。

（「三重県人権センターパンフレット・近代史Ⅰ」より。）

な被差別部落外の人々の差別意識と明治新政府の徴兵・納税・教育政策に対する不満とが重なり，発生したと考えられる。

それでは解放令反対一揆がおこった地域が，差別意識が強かったのかというと一概にはそうではない。西日本では，21件の一揆がおこったと記録に残っている。西日本で多発した背景は，むしろ西日本の被差別部落において，東日本にくらべて安定した経済力をもつ有力者を中心に，平民としての新しい動きが活発であったことが一因ではないかといわれている。つまり，江戸時代に社会外におかれた人々が一般社会に交わってくることをおそれた被差別部落外の人々の拒否反応の表れであり，被差別部落の人々が，積極的に一般社会に交わっていこうとしていたということなのである。

第7章　近代の被差別部落と水平社運動

　例えば，先にあげた蓮台野村の元右衛門・茂平父子は教育や医療，さらに殖産興業にも熱意を燃やしたのもその一例である。

　1867（慶応3）年，以前から行われていた寺子屋のために，茂平は自分の土地に平屋32坪の私塾を建設した。そこでは読書算の他，自身が医術を修得する過程で習ったドイツ語を教えていた。1868（明治元）年，京都府は町組の改正と町組単位の小学校の建設をおしすすめ，翌年，全国最初の小学校（番組小学校）が開校する。こうした動きを見ていた元右衛門は，1870（明治3）年，所有する畑を埋め，そこに校舎を建設し，茂平の私塾をここに移して蓮台野小学校（現・楽只小学校）と名付けた。茂平に対しては，1872（明治5）年，京都府から「小学校句読助教を申附く，勤中帯刀差免す」という免状が出され，1873（明治6）年，蓮台野小学校は愛宕郡第二区第四小学校として，正式に京都府に認可された。

　1873（明治6）年茂平は村内に「撥雲堂療眼院（はつうんどうりょうがんいん）」という眼病院を設立，人々の治療にあたった。蓮台野村民の治療にあたるだけでなく，ここには京都府下や奈良などから患者がやってきており，残されているカルテや義眼の領収書などから，当時のトップレベルの治療を行っていたことが分かっている。また，村人の雇用のために1874（明治7）年には，斃牛馬を買い取り，解剖化成してできる製品を販売する組合の設立を京都府に願い出ている。これは，1877（明治10）年5月に許可され，翌年，斃牛馬化成処理場が建設されている。こうした動きは，蓮台野村だけではなく，各地で被差別部落の有力者によって取り組まれたのである。

　先に述べたように，この解放令は，賤称の廃止を宣言したに過ぎず，各府県への通達にあるように，これからは，賤民身分のものも一般戸籍に編入し，地租等に関しては，大蔵省と相談して指示をうけるようにとされている。これは，この解放令が賤称を廃止することによって，真に人間の平等を実現しようとしたものではなく，被差別部落の「特権的職業」を廃止し，新しく義務を押しつけることによって，被差別部落の人々を新しい社会に対応させようとしたものであった。つまり，1873（明治6）年7月の地租改正を前にして，税を免ぜら

1873年開校時の蓮台野小学校／楽只小学校
(「京都小学五十年誌」より)

れてきた賤民の屋敷地の制度を廃止し，地租の義務を課すと共に被差別部落の人々を居住地や職業の制限からときはなすことで，極めて安い労働力を資本主義経済の発展にとって，欠かすことのできない「自由な労働力」として，つくりだしたということである。それゆえ，被差別部落の有力者たちは，自らの知力・財力を教育や殖産事業に投資することで，新たな時代に乗り出していこうとしたのである。

4 松方デフレと被差別部落

◉被差別部落の窮乏

　1881（明治14）年，松方デフレと呼ばれる政府の急激な増税・緊縮財政がはじまると，日本全体が深刻な不況につつまれた。農村では，村に生まれていた繊維産業などが崩壊し，税金を払うために借金をし，結局高利貸しに土地を取られ，小作農になるものが増加した。このデフレ政策によって，京都の経済も大きな打撃を受けた。たとえば，西陣の機業の生産額は，1880（明治12）年にピークに達するが，1885（明治18）年には，わずか6分の1にまで落ち込んだ。染め物や陶磁器も1882（明治15）年は，1880（明治13）年の5割にすぎなかった。

　もちろん，被差別部落も例外ではなかった。ある被差別部落の場合，幕末から明治の初めまでは雪駄業などによって栄え，それに支えられて人口が大幅に

第7章　近代の被差別部落と水平社運動

増加していた。しかし，従来の生業を奪われたうえ，新たな投資も実を結ばないという中で，たちまちに人々の生活は悪化し，貧窮化が進行した。特に都市の被差別部落へは，不安定な日雇い労働者たちが生活費や家賃の安さという暮らしやすさにひかれて新しく流入し，人々の密集する地域へと変化し，それが固定化していくのである。この被差別部落及びその周辺地域で暮らす人々の困窮生活が近代化に取り残された不衛生な生活をする人々として，新たな差別意識を生み，前近代からの穢れ意識や身分による差別意識と結びついていったのである。

このように，「差別と貧困の悪循環」「被差別部落の低位な実態」という現代に至る問題は，日本の近代化の中で起こり，直接的にはここから始まるのである。

また，先に述べた被差別部落の有力者の試みも松方デフレの影響で頓挫していくものが少なくなかった。しかし，そのような中でも，製靴業や皮革業を起こした有力者たちは，施療・授産・施米などの救貧活動を行っている。とりわけ，京都の愛宕郡柳原庄の桜田儀兵衛は，活動の目的を被差別部落の改善におき，のちの改善運動へと受け継がれていった。

◉天皇制と被差別部落

明治政府は，1884年に華族令を出して，華族に爵位を与え特権身分をつくった。議会開設後の貴族院の供給源とすることがねらいであったが，天皇・皇族につぐ特権身分をつくったことは，被差別部落に大きな影響を与えた。天皇を頂点に皇族，華族などの高い身分がつくられたことは，その対極にある被差別部落に対する差別意識を強める役割を果たすことになった。1917年，奈良では被差別部落が移転させられた。これは畝傍山の中腹にあった洞部落が，神武天皇（実在さえ疑わしい）の墓とされた古墳（ミサンザイ）を見下ろす場所にあるのは不敬にあたるという理由からだった。このように天皇が尊いとされた近代天皇制は，人間や家には貴賤があるという人々の意識を助長し，新たな差別意識を生み出した。血筋や家柄がこれまで以上に意識され，それぞれの家の尊さ

を皇室や華族との距離で測り，被差別部落を忌避する意識を強化した。また，1894年の日清戦争の前から近代日本の天皇制国家が侵略の対象にしていた朝鮮に対する差別意識が強まり，これが誤った被差別部落の起源説である異民族起源説をさらに強めることになった。

2　部落改善運動と水平社運動

1　部落改善運動と融和運動

　明治新政府のいろいろな改革は，当時の国民に急激な変化を与えた。特に身分上の特権を奪われた士族と，負担の増大を余儀なくされた農民は，不満を抱いて反政府的行動を強めた。1874年，板垣退助らは「民撰議院設立建白書」を政府に提出し，自由民権運動が始まった。自由民権運動とは，国会の開設や主権在民・基本的人権の確立などを内容に盛りこんだ憲法の制定などの民主主義的な要求をした政治運動である。この自由民権運動から刺激を受けた中江兆民は，その門下の前田三遊らと共に，しきりに被差別部落問題について論じ，社会の冷酷と差別の虐待から自らの力で立ち上がるよう被差別部落民の奮起を促した。

　中江兆民は，1888（明治21）年2月14日付け『東雲新聞』に「新民世界」と題して，自らの主張を展開している。兆民は，徳富蘇峰らの平民主義が被差別部落の人々を視野に入れず，貴族主義を否定するにとどまっていると批判した。

　この動きに刺激を受けた被差別部落の有力者たちは，部落差別を自らの努力によって解決しようとする運動を始める。

　明治中期，被差別部落の困窮が鮮明になり，差別の原因をそうした被差別部落の環境の劣悪さや貧困，不就学に求める認識が被差別部落の内外に生まれた。差別を解消するには，環境改善・生活改善が必要とされ，ここに被差別部落内部から部落改善運動が起こったのである。

　1898（明治31）年静岡県浜名郡吉野村（現・浜松市）で北村電三郎が中心となり，「吉野村風俗改善同盟」を結成し，児童就学率の向上，主婦への家庭教育

の普及に努めた。また，1902（明治35年）8月7日に岡山市外の浄福寺（渋染一揆ゆかりの地）で，三好伊平次らによって「備作平民会」が組織された。設立趣旨書によれば，まず自分たちの風俗を改め，道義を正し産業教育を奨励し，その後に社会に対して反省を促すというもので，部落差別を存在させている社会や政治権力と闘うというものではなかった。さらに，1903（明治36）年7月，「大日本同胞融和会」の創立大会が大阪の土佐堀青年会館で開かれた。その主張は，「外国と交流のある現在，国家的見地から部落を差別することは理に合わない」とし，教育の奨励・風俗の矯正・殖産興業・言論集会の実行などを求めるものであった。「大日本同胞融和会」は，全国の主な部落改善運動家を網羅し，全国の部落の人々を糾合して一大勢力となる可能性をもっていたが，1904年2月の日露戦争の勃発により，ほとんど活動しないまま自然消滅してしまった。

　こうした部落改善運動の流れは，京都でも「柳原矯風会」（東七条），「親和会」（井手村），「鶏鳴会」（野口村）などを誕生させた。

　野口村（千本部落）においては，前述したように，教育の奨励・殖産政策をいち早く取り上げ，実施してきたのが益井茂平であった。この事業を受け継いだのは，「撥雲堂療眼院」で医術修業につとめていた仁木作之助である。作之助は，茂平の養子となり，益井信と名乗った。信は，身分取り立てを願った元右衛門の意志を受け継ぎ，1900（明治33）年6月，内務大臣あてに同家はじめ，蓮台野村で小法師役をつとめた八家の来歴をあげて，士族編入を願い出て認められている。これは信が，眼科医として著名で資産をもち，寄付をおこたらず，社会的地位を得ていたことも，その条件だったであろうが，正面から願い出て士族となった稀な例であった。

　信は，楽只小学校の学務員，野口村村会議員としての役職をつとめ，1909（明治42）年，被差別部落の生活改善のために組織された「鶏鳴会」にも参加した。翌年には会長になり，中心となって活動した。「鶏鳴会」の改善運動は，ある程度の成果をあげたが，部落差別の原因を被差別部落の人々自身に求めたことに変わりはなかった。

このころ（明治の終わりから大正にかけて）このように差別の原因を被差別部落の側だけに求め，被差別部落の人々の自己犠牲を伴う部落改善運動を批判する新たな運動が起こってきた。いわゆる融和運動である。融和運動とは，部落差別の原因を社会一般の側にも求め，被差別部落の改善に加えて社会との融和の実現を掲げて官・民合同で行われた運動である。

　そのさきがけとなったのが1912（大正元）年8月，奈良で設立された「大和同志会」である。「大和同志会」は，すべての国民は天皇の子どもであるとして被差別部落と一般社会の融和を説き，機関誌『明治之光』を発行して，融和運動を広げた。「大和同志会」の結成の影響は大きく，1913（大正2）年には，京都府・岡山県・島根県・三重県で同志会が結成された。そして，1914（大正3）年には，各地の同志会（融和団体）の中央組織としての性格をもつ「帝国公道会」が結成された。

　大江卓を中心に板垣退助らの著名人が名を連ね，機関誌の『公道』を発行して，「解放令」の発布を理由に天皇への報恩と被差別部落の人々が社会主義思想をいだくことへの防止を主張し，全国にわたり講演と被差別部落視察，北海道移住の奨励を行い，社会に対しては同情融和を，被差別部落に対しては同情され得る人格の形成を求めたのである。

2　米騒動と被差別部落

　1918（大正7）年，日本は第一次世界大戦下の好況期にあったが，インフレ傾向にあり諸物価は高騰した。そのため，労働者の実質的賃金は低下したのである。これに伴い米価が上昇し，とくに大米穀商や地主による投機的買い占め，売り惜しみが行われ，さらに7月に入り，寺内内閣がシベリア出兵の方針を決定すると，これに拍車がかけられた。大阪では，1917（大正6）年1月に米一石が約17円であったのが，翌18（大正7）年7月には，約33円と2倍にはね上がったのである。ところが政府は，それへの対策を講じようとせず，そのため生活に苦しんでいる多くの人々の不満は，頂点に達したのである。

　1918（大正7）年7月18日，富山県魚津町の「主婦」数十人が米の移出反対

第7章 近代の被差別部落と水平社運動

の集会を開き，以後，米屋や役場に対して米の値下げなどを求める行動は拡大していった。すでにこのとき，富山市においては，市内の被差別部落の女性20人が，市役所や有力仲買人に米の安売りを求める行動を起こしている。8月8日，こうした動きは岡山県内に伝わり，9日には広島・和歌山など10府県に拡大し，10日に至り京都・名古屋両市で大暴動へと発展したのである。8月中旬以降にはさらに農村や地方都市に波及し，9月12日，福岡県の三池炭鉱に及ぶまで，東北の三県と沖縄を除く1道3府38県，約500カ所の地域で騒動が発生し，参加した人々は，約70万人に達した。これが日本の歴史上最大の民衆蜂起となった米騒動である。

　大阪・京都・名古屋・神戸の大都市や岡山・広島・和歌山など，大きな騒動の発生したところでは，いずれも被差別部落の人々が先頭に立ち，中心的な役割を果たした。京都では，はじめに柳原（東七条）の被差別部落の人々が行動を起こし，米屋に安売りを約束させた。これに刺激された市内周辺の被差別部落の人々がいっせいに蜂起し，軍隊が出動する事態にまで至ったのであるが，それを突破口に府下各地に広がった。被差別部落における米騒動の特徴は，行動が組織的で多くの場合，女性・子どもを含めた地域ぐるみの闘いとなったことである。しかも，生活の苦しさと差別に対する反発から，その行動は特に激烈であった。

　政府は，軍隊まで出動させて民衆の立ち上がりをつぶしにかかった上に「騒動を起こしたのは部落の人間だ」という差別的なデマを流して，被差別部落に対する偏見をかきたて，米騒動をおさえこもうとしたのである。そして，被差別部落の人々の不満をそらすために，1919（大正8）年，第1回同情融和大会を開いて融和を呼びかけるとともに，従前より活発に部落改善事業を行った。しかし，米騒動をきっかけに被差別部落の人々の解放を求める動きは，大正デモクラシーを背景に各地で起こってきた。被差別部落の人々は，この米騒動の経験から自分たちの要求を実現するために，自ら立ち上がり闘う意義を学んだのである。このように，米騒動における被差別部落の人々の立ち上がりと部落差別に対する怒りが全国水平社の結成へとつながっていくのである。

3 全国水平社の創立——水平社宣言——

◎全国水平社創立へ

　米騒動が終息しつつあった9月14日，『紀伊毎日新聞』に匿名による次のような投書が掲載された。

>　「オレたちは部落だ。今度の暴動で，オレたちの仲間のなかに，ほかの市民といっしょに野蛮なおこないをやる者があったことは残念に思っている。しかし，どんな方法で差別や迫害からまぬがれることができるか！　官吏になろうとすれば，内規だと言って採用してくれない。学問をしようとすれば，入学がむつかしい。あきらめろ，あきらめろ，あきらめろと言われて，何百年もあきらめてきた。しかし，そういつまでもあきらめていられようか。オレたちは，まず平等な生存権を社会に向かって要求するのだ！　オレたちが，今日まで奪われてきたものを奪い返さねばならないのだ。」（部落史50話より）

　この投書から3日後の9月17日，同じ『紀伊毎日新聞』に別の被差別部落の青年の投書が掲載された。

>　「オレたちが求めるのは，牛馬でも犬猫でもない。『人間』だ。平等な『人格』だ。不合理な因襲や古い階級観念から解放され，自由になることだ。説教や講話の壇上から改善方，サーベルの光による救済策，そんなことはありがためいわくだ。まず，改善者の頭から改善してもらわなくてはならない。」（同上）

　このように，被差別部落の人々は，改善運動や融和運動の限界を自覚し，これまで奪われてきた人権の回復を社会に要求するという政治的自覚をもったのである。

　そして，これまでの部落改善運動や融和運動を乗り越えて，被差別部落の自主的な集団の力によって差別をなくそうとする動きが大正デモクラシーと呼ばれる民主的な状況の中で，各地で起こってきた。

　奈良では，柏原の西光万吉・阪本清一郎らの燕会や大福の三協社，五条の米田富，京都では南梅吉，大阪では，泉野利喜蔵らの一誠会，東京では平野小剣などの民族自決団，三重県の上田音市などの徹真同志社，福岡の松本治一郎の

第7章　近代の被差別部落と水平社運動

水平社の創立メンバーたち（水平社博物館蔵）
後列左より　米田富，駒井喜作，西光万吉
前列左より　平野小剣，南梅吉，阪本清一郎，桜田規矩三

筑前叫革団などがあった。

　とくに，燕会の西光万吉・阪本清一郎・駒井喜作らは，『解放』（1921年7月号）佐野学「特殊部落民解放論」の中の「特殊部落民の解放の第一原則は，特殊部落民自身がまず，不当なる社会的地位の廃止を要求することより始まらねばならぬ」という一文に感動し，地元に水平社創立事務所を設立した。そして，『よき日の為めに―水平社創立趣意書』という運動の必要性を訴えたパンフレットを全国に配布した。西光らは，創立準備会を開き，綱領・宣言・決議・規約を決定した。

　1922（大正11）年3月3日，京都の岡崎公会堂で全国から約3000余人が集まり，全国水平社が創立された。「水平」という言葉について，阪本清一郎は「あらゆる尺度というのは人間が作った。そしてその尺度によっていろいろな差が出てくる。絶対に差のできないものは水平である。平等を表現するのは水平という言葉以外にはない，という理屈から水平社という名前が出てくるのです」と語っているように「水平社」という名前は，差別のない平等で水平な社会をめざして闘う組織という意味で名づけられたのである。

創立大会のビラ
参加を呼びかけるため1922年2月中旬に作成され、各地で撒かれた。(水平社博物館蔵)

創立大会では、まず「綱領」で被差別部落の人々自らの行動による絶対解放など解放のための基本原則をうたい、また、西光万吉によって起草された「全国に散在する吾が特殊部落民よ団結せよ」で始まる「水平社宣言」では被差別部落の人々の団結を呼びかけた。そしてこれまでの部落のためになされた上からの同情や哀れみの運動、部落の生活や風紀の改善のための政策がなんらの効果ももたらさず、逆に被差別部落の人々を堕落させたとして、同情融和を厳しく批判し、人間の尊厳を誇れと主張した。

「人の世に熱あれ、人間に光あれ」で結ばれるこの宣言は、日本で初めての『人権宣言』といわれている。そして、「決議」では「我々への侮辱的な言行に対しては徹底的に糾弾する」ことを明らかにしている。

その後、第2回大会を前にして、「荊冠旗」が制定された。「荊冠旗」の黒い地は暗黒の社会を表し、赤い荊冠は部落の受難の歴史と「私たちも人間だ」という叫びを表している。この荊冠旗も西光によってデザインされたものである。また、現在も解放歌として歌われている「水平歌」もつくられた。

◉全国水平社と千本

初期の全国水平社と千本は、大きな関わりがあった。初代委員長となった南梅吉は、よく知られるところである。南は、1877（明治10）年に滋賀県近江八幡の被差別部落で生まれ、小学校を出た後、京都・東三条の靴商で奉公につき、1894（明治27）年、17歳の時に野口村に移り住んだ。そして、同村の有力者の娘と結婚し、竹皮草履の仲買業などを営んだ。温厚で世話好きな人柄が村民の信頼を集め、青年団長や村会議員にも選ばれた。1901年頃より、村の指導者の一員として部落改善運動に取り組み始め、生活改善、風俗矯正に努めた。米騒

第7章　近代の被差別部落と水平社運動

綱領

一、特殊部落民は部落民自身の行動によつて絶對の解放を期す

一、吾々特殊部落民は絶對に經濟の自由と職業の自由を社會に要求し以て獲得を期す

一、吾等は人間性の原理に覺醒し人類最高の完成に向つて突進す

宣言

全國に散在する吾が特殊部落民よ團結せよ。

長い間虐められて來た兄弟よ、過去半世紀間に種々なる方法と、多くの人々とによつてなされた吾等の爲めの運動が、何等の有難い效果を齎らさなかつた事實は、夫等のすべてが吾々によつて、又他の人々によつて毎に人間を冒瀆されてゐた罰であつたのだ。そしてこれ等の人間を勦はるかの如き運動は、かへつて多くの兄弟を墮落させた事を想へば、此際吾等の中より人間を尊敬する事によつて自ら解放せんとする者の集團運動を起せるは、寧ろ必然である。

兄弟よ、吾々の祖先は自由、平等の渇仰者であり、實行者であつた。陋劣なる階級政策の犧牲者であり、男らしき産業的殉教者であつたのだ。ケモノの皮剥ぐ報酬として、生々しき人間の皮を剥ぎ取られ、ケモノの心臓を裂く代價として、暖い人間の心臓を引裂かれ、そこへ下らない嘲笑の唾まで吐きかけられた呪はれの夜の惡夢のうちにも、なほ誇り得る人間の血は、涸れずにあつた。そうだ、そして吾々は、この血を享けて人間が神にかわらうとする時代にあうたのだ。犧牲者がその烙印を投げ返す時が來たのだ。殉教者が、その荊冠を祝福される時が來たのだ。

吾々がエタである事を誇り得る時が來たのだ。

吾々は、かならず卑屈なる言葉と怯懦なる行爲によつて、祖先を辱しめ人間を冒瀆してはならぬ。そうして人の世の冷たさが、何んなに冷たいか、人間を勦はる事が何であるかをよく知つてゐる吾々は、心から人生の熱と光を願求禮讚するものである。

水平社は、かくして生れた。

人の世に熱あれ、人間に光あれ。

大正十一年三月

水平社

〔裏面を見よ〕

全国水平社創立大会綱領・宣言（京都市立崇仁小学校蔵）

動時には，青年団長として町民の騒動への参加を制止したことで府知事から表彰を受けている。

　1921（大正10）年，奈良の大和同志会松井庄五郎の家で，水平社結成準備中の阪本清一郎と出会い，「自主的解放運動を起こそう」という主張に共鳴，水平社創立に向けた京都での働きかけを始め，柳原の桜田規矩三を紹介したりした。そして，全国水平社創立大会で初代委員長に選出され，連盟総本部も南の自宅におかれた。南が委員長に選出されたのは，最年長であり，改善運動を通して全国的に名前が知られていて幅広い人脈を有していた点などによるものと思われる。

　千本から初期の水平社運動に関わったものをもう一人取り上げる。山田孝野次郎と並んで全国少年少女水平社の名弁士として活躍した増田久栄である。久栄は，1914（大正3）年2月12日に野口村で生まれている。父清次郎も水平社の活動家であり，また，前述の南梅吉とは親戚であるという環境であった。楽只尋常小学校に通っていた久栄の成績は常に首席で，話は説得力のある明快なものであったため，南は彼女の才能を高く評価し機会あるごとに演壇に登らせたらしい。第2回全国水平社大会で演壇に立った久栄は，全国で起こっている学校内での差別事件について説明し，「皆さん私はそれを聞くごとにこの小さい胸が張り裂けるようであります。兄さん姉さんどうか私たちのためにしっかりきばって下さい。お願いいたします」と述べ，拍手喝采を受けた。その後久栄は，水平運動の花としてもてはやされ，各地で演説を行うようになり，その道中で関東大震災に遭遇している。後に千本の部落史研究会の聞き取りに対し，その時のことを久栄は，「おじさん（南梅吉）といっしょに演説会に行った。関東大震災の時は，ちょうど東京におり大変だった」と一言一言をかみしめるように語っている。

4　水平社運動と高松地裁糾弾闘争

　全国水平社の創立後，水平運動は全国に広がり，300近くの水平社が生まれた。水平社の取り組みは，差別事件を起こした個人を糾弾して反省を求める闘

いであった。全国水平社創立の直後の5月、小学校での子どもの差別発言をきっかけに学校を糾弾した、奈良の大正村小学校で闘われたものが最初のものだといわれている。糾弾闘争は、1922（大正11）年に69件、1923（大正12）年に854件、1924（大正13）年には1,052件に及んだ。まさに差別事件は日常的に起こっていたのであるが、糾弾闘争の件数は、数年後に500件程度に減少する。これは、差別はよくないという社会認識が広まったこともあるが、それ以上に、このような闘争に対して、警察や裁判所が、「部落はこわい」という偏見を広め、徹底的に弾圧したことで部落問題に関わるなという意識が助長されたことも一因であった。

その後全国水平社は、個人に対する糾弾闘争から差別事件が起きてくる社会的背景に注目し、学校や行政、軍隊に対しての糾弾闘争に運動を発展させた。水平社運動は、1928（昭和3）年3月15日の日本共産党一斉検挙や1931（昭和6）年の水平社解消意見により、一時停滞するが高松結婚差別裁判糾弾闘争で最大の盛り上がりをみせる。

〈事件概略〉
　香川県の山本雪太郎と久本米一の兄弟は、金属屑などを買いに出かけ、その帰り船中で石原政江という女性と知り合った。そして、米一と政江は結婚を約束するまでになったが、米一は自分が部落民であることを知られて政江の気持ちが変わることを恐れ、部落の外で生活を始めた。そうしている間に、政江の父は警察に捜査願いを出し、1932（昭和7）年12月23日、2人は誘拐罪で連行され、後に起訴され裁判が開かれた。1933（昭和8）年6月、香川県高松地方裁判所は、「特殊部落民でありながら自己の身分をことさらに隠し、甘言詐謀を用いて誘惑したものなり」との検事の求刑を支持して、2人に懲役1年および10カ月の刑を言い渡した。

被差別部落の人々は、「解放令」によって否定されたはずの身分を法廷という場で裁判官が公然と認め、それを理由に有罪にしようとする、差別をむきだしにしたあまりにも理不尽な判決に、許すことのできない憤りを覚えたのである。

香川現地では直ちに糾弾演説会や真相報告会が開かれ，大阪にあった全国水平社総本部へも報告された。全国水平社は「差別裁判を取り消せ，しからずば解放令を取り消せ」と迫り，組織をあげて闘い，水平社運動史上最大の闘いとなった。

　そして，この頃から水平社の運動は，差別を生み出している主な条件は，部落の低い生活条件にあるとして，生活擁護に取り組むようになる。この生活改善を大きな柱とした活動は，「部落委員会活動」と呼ばれるものである。「部落委員会活動」で取り上げられた要求項目には，道路などの環境の整備，住宅の建設や家賃の値下げ，奨学金の支給や託児所の建設，税金の減免など戦後の行政闘争におけるものと変わらないものであった。

　水平社は各地で生活擁護闘争を組織すると同時に，演劇，映画，図書，新聞などに差別表現が多いことに着目し，糾弾闘争を組織した。このような運動を背景に1936（昭和11）年，衆議院議員選挙において，松本治一郎（全国水平社中央委員長）が当選を果たした。

　しかし，1937（昭和12）年，日中戦争開始以降，全国水平社は次第に戦争協力の姿勢を明らかにし，1940（昭和15）年の第16回の水平社大会では，正面の舞台には荊冠旗ではなく，日の丸が掲げられたのである。1941（昭和16）年以降，昭和天皇が即位にあたって述べた言葉「人心これ同じく，民風これ和し」からとったとされる，「同和」という言葉が「融和」に変わって使われ始め，中央融和事業協会も1941（昭和16）年に同和奉公会と改称した。

　そして，アジア・太平洋戦争が開始され，言論出版集会結社等臨時取締法施行で解散届を強要されるが松本治一郎は提出せず，翌1942（昭和17）年1月20日をもって自然消滅と認定され，全国水平社は，姿を消すことになったのである。

（中川淳史・重田耕成）

(学習課題)
○　解放令の背景と意義について研究し，解放令後もなぜ，部落差別が残されたのか

第7章　近代の被差別部落と水平社運動

まとめてみよう。
○　近代の被差別部落の動きを研究してみよう。
○　部落改善運動と融和運動のそれぞれの意義と相違について調べてみよう。
○　米騒動から，水平社創立に至る被差別部落の動きを研究してみよう。
○　水平社宣言の内容について調べ，全国水平社がどのような運動を展開したか研究してみよう。

第8章

戦後の解放運動と同和行政

1 オールロマンス事件から法の時代へ

1 戦後の民主化と解放運動

　1945年，太平洋戦争に敗れた日本は，GHQ（連合国軍最高司令官総司令部）の主導のもとに平和で民主的な国家の建設に向けて歩みだした。そして，1947年5月に「国民主権・平和主義・基本的人権の尊重」を三大原則とした日本国憲法が施行された。

　特に，第14条では「すべて国民は，法の下に平等であつて，人種，信条，性別，社会的身分又は門地により，政治的，経済的又は社会的関係において，差別されない。」と謳われた。この「社会的身分」という文言によって，政府は被差別部落の人々が差別されないという理念を明文化した。戦前は，制度としての身分差別はなくなっても家柄・家格・血筋などを重視した人間関係の取り結び方は温存されたままだったため，被差別部落の人々が「社会的な排除」を受け続けることを克服すべき課題として取り上げられない社会であった。それがこの条項で「社会的関係において」も差別されないと言及されたことは，戦後の民主化がもたらした大きな成果といえる。

　しかし，この条文にはGHQが起草した草案から変更されている点がいくつかある。もともとGHQの草案では「すべての人は，法の前に平等である。人種・信条・性別・カーストまたは出身国により，政治的関係，社会的関係，教育の関係および家族関係において差別されない。」となっていた。つまり，国籍や民族を問わず，すべての人の人権を保障するという内容だったのである。

ところが，日本政府はこれらの文言や条項を削除し「国民」であることを基礎要件としたのであった。戦前では，台湾人や朝鮮人の選挙権・被選挙権が認められていた。それが，女性の参政権が認められた選挙法の改正付則で「戸籍法の適用を受けざる者の選挙権及び被選挙権は当分のうち之を停止す」とされ，事実上，在日朝鮮人の選挙権は奪われた。さらに，この日本国憲法の制定の前日に，「台湾人のうち内務大臣の定めるもの及び朝鮮人は，この勅令の適用については，当分外国人とみなされる」とした「外国人登録令」という勅令が出されている。これらのことと考え合わせてみれば，戦後の民主主義も民族排外主義的なまなざしを内包したままの出発であったといわざるを得ないであろう。そのことは，戦前から続く被差別部落の「貧困と差別の悪循環」を断ち切るための方策が，政府の自発的な取組として実施されなかったことからもうかがい知ることができよう。

　一方，1946年2月，全国水平社の活動家を中心に，融和運動関係者とも手を携えた形で「部落解放全国委員会」が結成された。戦前の部落委員会活動の一環として「融和＝同和事業」の要求闘争を行った経緯から，一切の差別の解消と同和事業の実施要求を活動の中心目標において取り組んだ。この同和事業とは，1936年に立案された「融和事業完成10カ年計画」に基づいた事業のことである。

　戦前に，政府は水平社が社会主義思想の影響下にあることを警戒して，それまで独自に運動してきたいくつかの融和団体を統合し，中央融和事業協会を立ち上げていた。1929年から始まる世界恐慌によって貧困の度をさらに増した被差別部落の状況を放置できなくなった政府は，被差別部落の環境改善と雇用の確保を目指して同和予算を組むに至る。1936年「融和事業完成10カ年計画」を立案し，総額5000万円の予算を計上した。実際にはその5分の1程度の規模でしか実施されなかったが，それでも，戦時下にあっても継続されてきた。

　ところが，1946年3月，政府は同和予算の打ち切りを都道府県に通達してきた。それに対して，各地の地方自治体は西日本を中心に，地域の要求を受け止め独自の予算で同和事業を実施した。ただ，限られた財源の中での事業だった

ので，その規模は細々としたものでしかなかった。これに対し部落解放全国委員会は「部落解放国策樹立要請書提出」の運動を行った。

また，戦後の民主改革の一環として，寄生地主制の解体を目指した農地改革が行われたが，これによって，ほとんどが小作農をしていた農村の被差別部落の人々も自作農になった。しかし，その規模は零細で，生産性の低い耕地条件の悪いままであったので，経済状態の改善は図られなかった。また，都市部の被差別部落にあっては，皮革をはじめとするさまざまな部落産業は戦時下からの統制によって大きな打撃を受けており，かといって就職しようとしても部落差別によって門戸を閉ざされ，大量の失業者を抱えていた。

2 オールロマンス事件と行政闘争

戦後の混乱も終息しはじめたころ，部落は戦前の劣悪な環境のまま行政からも放置され，民衆の部落に対する差別意識も戦前と変わらない状況にあった。また，教育面では，部落の児童・生徒の長期欠席・不就学が大きな問題として取り上げられるなど，戦後の民主化の改革は部落問題の解決までには至ってはいなかった。

そのような中，戦後の部落解放運動の大きな転機となったのが，1951年10月に京都で起こった「オールロマンス事件」である。『オール・ロマンス』という雑誌に京都市内の被差別部落を題材にした小説が「〈暴露小説〉特殊部落」と銘打って掲載された。

この小説は，朝鮮人を父に日本人を母にもつ青年医師と被差別部落に住む朝鮮人女性との恋愛を主題としたものであった。ヤミ米の運搬，ドブロクの密造をめぐる警官隊と部落の青年団との衝突，部落を襲う洪水などの出来事が展開されている。そして，その情景描写で，被差別部落の様子を「目ヤニ，痘瘡，洟（はな）たれ子達がほとんど裸体に近い風俗で戯れている」「昨日の臓物は始末もつかず，片隅にハエの跳梁（とうそう）に任され切って異臭が鼻を突く」「ドブロク密造酒によって部落の賤民が潤っている」などと描き，また，被差別部落の青年達を暴力団まがいとして表現するなど，部落を闇と犯罪と暴力の巣窟にしあげたもの

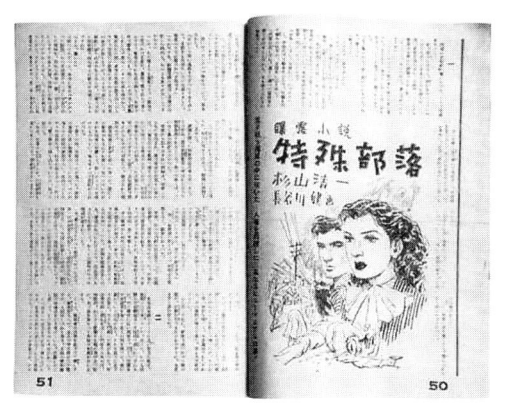

『オール・ロマンス』（部落解放・人権研究所蔵）

であった。筆者は京都市衛生局の保健所職員で、仕事上で見聞きしていた被差別部落の実態を、その劣悪な生活環境を生み出した背景も踏まえずに差別的な言葉を随所に散らばらせながら興味本位に描いたのであった。それは、被差別部落に対する偏見と差別意識を助長させるものであった。

　部落解放委員会京都府連合会によってこの問題を追及された京都市は、当初この問題を筆者個人の差別意識の問題としてその職員を辞めさせることで問題の解決を図り、「行政当局はこの差別問題とは関係ない」という姿勢で臨もうとした。しかし、京都府連合会は、筆者自身の差別的偏見に満ちた叙述ではあるが、そこに描かれた劣悪な生活環境と社会的差別の実態は京都市の被差別部落に現実に存在しているとして、叙述に即して居住環境と生活実態の改善策を詳細に指摘し、その行政責任を追及した。

　具体的には、水道・消防行政では、本管が被差別部落を通管していないため自費でも水道が引けず、下水道も私道のため放置されている。また、火災報知器・消火栓が被差別部落には設置されておらず、消防車の進入が不可能なこと。土木行政では、観光的要請から被差別部落の周囲を植林などで「隠すような」工事をし、日常生活と切り離せない小さな溝・側溝・小さな河川等の修理が放置されていること。保健衛生行政では、被差別部落のトラホーム・結核の予

防・治療対策のための設備が貧困であること。上下水道設備の欠如，共同便所と共同井戸の接近，便所の構造欠陥，住宅行政では，戦前の改善工事中止で，家屋が壊されたまま放置され，ゴミ捨て場同様になっていること。経済行政では，

表8-1　同和地区の実態（昭和25〜26年）

項　　目	地区	全市
上水道普及率	45%	66%
ガス普及率	3.4%	50%
1世帯当たり電燈点数	1.7燈	8.4燈
小学校不就学率	6.5%	0.46%

（注）　京都市民生局『同和地区生活実態調査報告』昭和25〜26年調査より作成。

被差別部落の経済的窮乏に対して雇用や産業振興などがなされていないこと。教育では，学区内外や教室での差別状況，教員の赴任拒否，児童生徒の不就学率や退学率が全市水準に比べて非常に高くなっていること（表8-1）などを挙げ，これらの実態が差別を再生産していることに気づかない行政の被差別部落に対する無関心さこそが京都市政の差別性を示すものであり，これらの実態を放置してきた行政にこそ根本的な責任があることを，そしてまた，これは京都市だけの問題ではなく全国の同和行政の課題であることを明らかにした。

　ただ，部落解放委員会京都府連合会は当初，この小説の内容が部落差別であると共に朝鮮人差別であることも指摘していたが，市当局との糾弾闘争の中では朝鮮人差別という視点からの闘いは展開されなかった。このことは，朝鮮人差別を自らの運動の課題と位置づけられなかった当時の運動のありようを示すものであった。

　この闘争を通じて，部落解放運動における行政闘争の方針が確立され，これを契機に全国的に地方自治体に対する行政闘争が組まれることになった。しかし，地方自治体の財政だけでは本格的な同和事業の実施は難しく，このため地方行政を通して政府に要求する行政闘争という新たな運動が展開され，それがその後の「同和対策事業特別措置法」へと結実していくのである。

3　国策樹立運動への高まり

　このように，部落解放全国委員会の行政闘争が展開されていく中で，各界各層のさまざまな取組が誕生していった。

1951年には，20都府県の自治体同和事業関係者を中心に全日本同和対策協議会が結成され，翌1952年には運動団体とも連携して「同和問題解決の国策樹立についての陳情」を政府に提出するなどの活動がなされた。これを受けて，政府（厚生省）は1953年に戦後初めての同和対策予算を計上することになった。同年，同和行政の基本的認識の違いから，全日本同和対策協議会は部落解放全国委員会と袂を分かつことになったが，その後も同和行政の国策樹立運動を続けた。

　また，同じ1953年には，同和教育に取り組む全国各地の学校教育関係者や社会教育関係者によって全国同和教育研究協議会（以下，全同教）が結成される。このころの被差別部落の多くの子どもたちは，親の仕事を手伝ったり，子守りをしてわずかなお金を稼いだりして，家計を助けねばならないために学校を休むといった状況であった。また，学校には行きたくても給食費や教科書代などを払えないために学校に行けない子どもたちも多かった。さらに学校では友達や教師から差別され，休みがちなために勉強にもついていけないという状況に置かれていた。こうした子どもたちの奪われた教育の機会を取り戻すべく，各地の教育関係者によって取り組まれてきた真摯な教育実践や運動を点検し高めていくという役割を，全同教は果たしていくのである。

　このような運動の発展を踏まえて，部落解放全国委員会はそれまでの「被差別部落の指導的メンバーの組織」から「被差別部落に住むすべての人々を組織」した大衆運動をめざすべく，1955年に部落解放同盟と名称を改めた。そして，全国婦人集会や全国青年集会が開催されていく中で，多くの運動の担い手たちが育っていき，ますます大衆的な運動へと発展していった。

　さらには，1956年に「文壇は特殊部落的」という差別記事を掲載し糾弾を受けた朝日新聞社は，それを契機にマスコミの部落問題解決のために果たすべき役割として，部落問題に関するさまざまな記事を掲載し，広く社会に部落問題を問いかけた。

　1958年以降，このような運動のうねりを背景に，部落解放同盟をはじめ市民団体や労働組合，全同教，そして全日本同和対策協議会などが，部落問題の解

決に向けた取組を国の政策として求める部落解放国策樹立要請全国代表者会議を開催し、国策樹立要請に向けて本格的な運動が開始された。

こうした動きに応え、社会党・共産党・自民党は独自の部落解放政策や議員懇談会を作った。政府も同和問題閣僚懇談会を1958年に発足させ、同和問題の総合的な施策が協議されることとなった。政府としては、勤評闘争や三井・三池闘争、安保反対闘争などのさまざまな共同闘争に取り組みだした部落解放運動に対する対策と、高度経済成長下における部落の労働力の活用と同和対策事業そのものを社会開発の一部として利用しようという思惑もあった。しかし一方では、解放運動や地方自治体の取組の結果、社会問題のひとつとして市民の関心が高まる中、政府としても部落問題を放置しておけなくなったこともまた事実である。

こうして、ついに1960年の臨時国会で、同和対策審議会を設置する法律が党派を超える支持のもと可決されるに至ったのである。

しかし、国策樹立運動の高まりはそれで終わることはなかった。1961年に、国策樹立のための100万人署名運動とともに、部落解放国策樹立請願全国大行進が敢行された。請願行進隊は福岡と長野からそれぞれ全国各地で集会を開きながら東京に着き、約60万人の署名を持って国会に請願デモを行うと同時に、部落解放国策樹立要請書を提出した。この全国大行進は、各地に点在する未組織の被差別部落の立ち上がりにも大きな成果を挙げている。千本においても、ビラの配布・街頭宣伝活動が行われたのをきっかけに、青年有志を中心にして「部落解放運動とは何か」を京都府連委員長に学び、「義務教育無償要求」の町民集会が取り組まれた。これを契機に部落解放同盟京都府連千本支部（以下、

千本支部）が結成されていくことになった。

　ちょうどこの時期，1961年，高知市長浜の被差別部落では教科書無償化の運動がおこっていた。半農半漁の貧しい漁村で，母親たちの多くは失業対策事業に出て働いていた。教育関係者とともに日本国憲法の学習会をしていた母親たちは，第26条「義務教育はこれを無償とする」の規定を守り教科書を無償にすることを求めて闘った。この運動により被差別部落の子どもたちの教科書は無償となった。

　その当時のことを記録した千本支部再建15年史『よき日のために』には，次のように記されている。

> 　支部再建に成功した私たちの部落は，まず教育闘争を第一に考えました。
> 　この当時は，教科書や学用品が買えない，さらに給食費等が支払えないために，長欠や不就学児として学校教育から阻害されている子どもたちが，まだまだあとを絶ちませんでした。そこで，義務教育費の無償をかちとるために，この要求を取り上げたのです。……（中略）……同盟員宅やあるいは，町内の中で比較的にこの運動を理解してくれる家を借りて，そこへ町民に集まってもらって，ひざ詰めで「部落差別について」「差別と子どもたちの教育について」話し合いました。この教育闘争には，学校の教師集団による積極的な協力がありました。……（中略）……こうした露地集会の積み重ねは，つねに，「子どもたちが満足に学校に行けていないこと」「学校に行っても，満足な勉強ができていないこと」「上級学校に進学できないでいること」などを問題にして，これらはすべて「部落差別の結果」であることを明らかにし，これらの保障を完全にさせるための要求をすることにしました。要求書をまとめて，町民集会を開き，小・中学校長と交渉を重ねました。
> 　この結果，教科書の無償支給や学用品支給などは，それなりに前進しましたが，学校・市教委当局は，給食費の無償要求に対して相当な抵抗を示し，「収入証明書を添付せよ」という嫌がらせを校長が行い，何が何でも阻止しようとしました。しかし，徹底した露地集会で，要求の集約をする中で，教育要求闘争が大きく前進しました。何よりも大きな成果は，この闘いを通して，部落解放運動の本旨の理解に一歩ずつ近づいたこと，そして，同盟員に闘いへの自信と確信をつけたことでした。……（以下略）

このように，高知県の長浜で始まった闘いは全国へと広がり，はじめは被差別部落の子どもたちが，そして，生活保護家庭の子どもたちへ，そして1963年，被差別部落の内外を問わず全ての義務教育段階の児童・生徒に対する教科書無償化が実現したのである。

［4］ 同和対策事業特別措置法の制定

こうした運動の結果，委員の任命にもたつきながらも1962年に同和対策審議会が設置され，1965年に同和対策審議会答申（以下，「答申」）が政府に提出された。その前文では，「同和問題は人類普遍の原理である人間の自由と平等に関する問題であり，日本国憲法によって保障された基本的人権にかかわる課題」であり，「その早急な解決こそ国の責務であり，同時に国民的課題である」との認識に立って同和問題解決のための行政責任を明言している。そのうえで，「第1部　同和問題の認識」の「1．同和問題の本質」では，部落差別を心理的差別と実態的差別とに分類している。心理的差別とは人々の観念や意識のうちに潜在する差別で，「言葉や文字で封建的身分の賤称をあらわして侮蔑する差別，非合理な偏見や嫌悪の感情によって交際を拒み，婚約を破棄するなどの行動にあらわれる差別」である。実態的差別とは，「就職・教育の機会均等が実質的に保障されず，（中略）一般行政諸施策がその対象から阻害されるなどの差別」であり，そのことによってもたらされる「劣悪な生活環境，特殊で低位の職業構成，平均値の数倍にのぼる高率の生活保護率，きわだって低い教育文化水準など」に具現化されている差別である。この心理的差別と実態的差別が「相互に因果関係を保ち相互に作用」しあっており，「この相関関係が差別を再生産する悪循環を繰り返す」と指摘し，被差別部落の生活実態改善のための行政施策が必要であることを明らかにした。

しかし，答申はすぐに法律化されなかった。部落解放同盟はその後も答申の即時具体化と完全実施および法の制定を求めてさらに広範な運動を行った。そして，ようやく4年後の1969年，国及び地方公共団体の早急で計画的な同和対策事業の実施とそれに伴う予算措置を法的に義務づけた「同和対策事業特別措

置法」が10年を期限とする時限立法として制定された。ここに，基本的人権の尊重を三大原則の一つとした日本国憲法が施行されて22年もの歳月を要して，その後の同和問題解決のための諸施策を支える「法の時代*」を迎えたのである。

> ＊さて，この「法の時代」は結果として2002年3月まで続くこととなった。その流れを簡単に説明すると，当初同和行政を総合的に調整する窓口である同和対策室を政府が設置したのは法制定後5年も経過してからであったため，10年の期限内では十分な成果を上げることはできなかった。そのため，3年の延長の後，1982年には「地域改善対策特別措置法」が5年間の時限立法として施行される。さらに1987年には「地域改善対策特定事業に係る国の財政上の特別措置に関する法律（地対財特法）」が5年の時限立法として制定，その後2回の延長が行われ，2002年3月をもって「法の時代」の終わりを迎えた。

なお，この「答申」と「特別措置法」の評価をめぐって，以前から組織や運動の進め方などで対立していた部落解放同盟と日本共産党との対立が決定的なものとなっていった。共産党は「答申」や「特別措置法」を運動の矛先を鈍らせる「毒まんじゅう」として解放同盟の進める運動に反対し，ついには「部落解放同盟正常化連絡会議」を結成し，独自の運動と組織作りを行うに至る。そして，1976年には解放同盟から自立した組織として「全国部落解放運動連合会」が発足した（2002年の「法の時代」の終焉に合わせて，組織名称を2003年より「全国地域人権運動総連合」と改称して現在に至っている）。

また，1960年の同和対策審議会設置法制定の時期に，政府・自民党寄りの保守層によって結成された「全日本同和会」も以降独自の取組を行ってきたが，部落大衆を組織するには至らなかった。

2　1960～70年代，進展する解放運動の中で

1　狭山裁判闘争が果たした役割

「狭山事件」とは
　1963年5月，埼玉県狭山市で当時高校1年生の中田善枝さんが下校途中に行方不

第8章　戦後の解放運動と同和行政

> 明となり、その3日後に遺体で発見された。行方不明になった日の夕方、中田さん宅に脅迫状が届けられ、誘拐事件として捜査が始まったが、警察は身代金を取りにきた犯人を取り逃がすという失態を演じた。この年に東京で起こった「吉展(よしのぶ)ちゃん事件」でも誘拐犯人を取り逃がしたという経過もあって、警察は威信をかけても生きた犯人を捕まえようとした。警察は近くの被差別部落に見込捜査をし、同年5月23日、石川一雄さん(当時24歳)を別件逮捕した。長期留置と保釈直後の再逮捕というなかで「自白すれば10年で出してやる」といった取り調べの刑事との嘘の約束や脅しによって虚偽の自白をさせられた。
> 　浦和地裁での1審公判では自白を維持し、1964年3月、わずか半年のスピード審理で死刑を宣告されたが、警察にだまされたことに気づいた石川さんは、東京高等裁判所での控訴審第1回公判では無実を主張した。しかし、1974年10月31日無期懲役の判決、そしてさらに1977年最高裁判所で上告棄却の判決があり刑が確定した。1986年8月に第二次再審請求とともに、すべての証拠の開示と事実調べを東京高裁と東京高検に対し求めてきた。しかし、1999年7月再審請求を棄却、直ちに異議申し立てを行って現在に至っている。
> 　この間、石川さんの無実を証明する数々の新証拠が提出されているが、裁判所はいっこうに事実審理を行おうとしない。1994年仮出獄をはたし、無実を勝ち取るための運動を現在も続けている。

　1974年10月31日、狭山事件の被告石川一雄さんに無期懲役の判決が下された。これに対し1976年1月28日、弁護団から上告趣意書が最高裁に提出され、同日、石川さんの無実を訴えて大阪と奈良で約1万人の小中学生が初めて狭山同盟休校を行った。さらに、同年5月22日には全国19都府県1,500校10万人の小中学生が狭山同盟休校を行った。千本支部でも5月22日に同盟休校が闘われた。千本支部再建25年記念誌『たしかな明日へ』では、次のように述べられている。

> 　盟休闘争は、単に「戦術のエスカレーション」として提起されたわけではありません。まず念頭におかれたのは教育の問題です。そもそも部落解放同盟千本支部が再建されるきっかけとなったのは、「義務教育無償要求」をはじめとした教育闘争でありました。小学校すら満足にいけず、読み書きも十分できないまま幼いときから働きに出ねばならなかった石川さん。そのあげく、国家権力によって「殺人犯」

> の濡れ衣をきせられ，一生を牢獄で過ごすよう強制される。これは石川さん個人の問題ではなく，かつて，否，今も千本部落の誰かが同じ運命をたどるかもしれない状況が存在していること。支部再建から15年，環境改善は一定の進展をみたものの，当初からの要求である教育の機会均等・人づくりは遅々として進んでいないことを，行政は，教師集団はどうとらえ，何をしなければならないと考えるのか。この問いかけこそ，盟休闘争に他ならなかったのです。
> ……（中略）……千本支部が同盟休校を闘ったのは，決して「突発的なもの」でも，あるいは「中央本部の指令だからやった」のでもなく，支部再建以来15年の闘い——とりわけ狭山闘争の取り組み——の到達した必然的な選択，結論でありました。
> 5月22日に至るまでの1週間，連日徹夜に近い状態で一軒一軒の上がり込みオルグ，ビラまきが展開され，その中心となったのは，解放子ども会で育ち狭山闘争の中で鍛えられた青年たちでした。
> ……（中略）……最終的に，4校に通う子どもたち215名中，214名の保護者の同意が得られました。5月22日早朝，学習センターに集合した子どもたちはそれぞれの学校に向かい，友だちにビラを配り，学校長に対して「同盟休校闘争宣言」を読み上げました。……（以下略）

　ここで特筆すべきことは，二つある。一つは，石川さん自身の生い立ちに見られる差別の現実，とりわけ教育を十分受けられず文字を奪われ，就労の権利を奪われてきた実態など，この事件の根底にある部落差別の実態は，石川さん一人の問題ではなく，すべての被差別部落の人々に共通する問題であるとして「特措法具体化要求・狭山差別裁判反対・部落解放国民大行動」に取り組んだことである。これにより全国で多くの未組織部落の解放運動への立ち上がりがみられた。

　もう一つは，狭山事件の公正な裁判を求める運動が広範な人々とともに取り組まれたことである。たとえば千本部落では，この盟休闘争に向けた運動の一環として「狭山差別裁判糾弾闘争勝利！　北区総決起集会」が行われたが，これには北区の労働組合や大学の部落解放研究会，市民団体などが結集し，地域レベルの狭山共闘を組織している。このような共同闘争が「狭山事件」の石川

一雄被告の無罪要求の運動を通して全国的に展開され、労働組合や市民団体、学生、そして文化人など、かつてない広範な人々の連帯を組織することとなった。

このような組織の拡大と共同闘争の展開は、ともに全国の自治体に同和事業を実施させていく大きな力となったのである。

5・22 狭山同盟休校の闘い
1976年5月22日・舟岡公園にて

さらに、部落問題に対する社会的関心が高まる中、部落問題の解決を通して全ての人々の人権を守る運動も活発に取り組まれていった。

2 矢田教育差別事件・八鹿高校事件と「糾弾」

同和対策事業特別措置法の制定以降、被差別部落の人々の要求に基づく環境改善の運動と差別行政に対する運動は大きく進展していった。その結果、住宅・医療機関・共同浴場・隣保館・保育所といった生活環境や個人給付事業、教育面における長欠・不就学率の問題・進学率の向上についてはずいぶんと改善が見られた。しかし、コミュニティの形成・産業の活性化・就労の高度化と安定化・事業未実施地区や未指定地区などの問題にはいまだに課題があるのも事実である。

また、啓発や基本的人権の擁護などの施策は後回しにされたため、社会的意識としての差別意識は十分には解消されなかった。そのため、差別事象に対する被差別部落民の直接的な抗議行動として糾弾闘争が取り組まれた。

「糾弾」とは、差別に苦しむ被差別者が、直接あるいは集団の支援の下に差別者に抗議し、差別事象を糾す追及行為である。これは全国水平社の創立以来、部落解放運動の不可欠な闘争形態として取り組まれてきたものである。この糾

弾行為をめぐって，かつては刑法に触れるとして，解放運動の活動家が起訴されることがあった。しかし，1972年以降の判例では，「手段方法が相当な程度を超えない限り社会的に承認されてしかるべき行動であり（矢田教育差別事件，大阪地裁判決）」「程度を超えない手段・方法による限り，かなりの厳しさを有することも是認される（同事件，大阪高裁判決）」とも判示している。この判例にもみられるように，人間としての差別に対する耐え難い怒り・憤りを伴ったものであるだけに，自ずと糾弾される者にとっては，厳しいものとならざるを得ない。

　しかし，啓発の立ち遅れも手伝い，十分な差別意識の解消のないまま，厳しい糾弾行動に対して「部落はこわい」といった意識だけが助長されていったということもまた事実である。

　たとえば，1966年以降相次ぐマスコミによる差別事件に対して徹底した糾弾が行われた。これに対し多くのマスコミは，人権問題への積極的な取組をするのではなく，「言い換え集」や「禁句集」を作成し自主規制をかけた。この人権問題への取組のない単なる差別的言辞のおきかえは，差別の根本的な解決にはならず，人権問題に対する思考停止をおこし，部落問題タブー視や人権問題への消極的姿勢しか生み出さなかった。

　また，先の判例に示した矢田教育差別事件は，1969年に起こっている。大阪市教職員組合東南支部役員選挙に立候補した中学校教諭の立候補あいさつ状と同僚教諭の推薦状が，各校に配られた。

　ちょうどこの前年の1968年，部落解放研究第2回全国大会で，奈良県の教師から県内の部落を含む学校を避けて大阪市内の有名校に電車通学する事実が報告された。調査の結果，たとえば天王寺中学校では在籍生徒1,794人中38.3％に当たる688人が，文の里中学校では在籍生徒2,489人中45.9％の1,143人が越境生であることが判明した。このような状態は，大阪市内の有名高校の周辺中学校に特に多かった。しかも，越境入学してくる生徒の多くは大阪市外をはじめとして，奈良・三重・兵庫・京都から，部落出身生徒や在日コリアンの多い地区，スラム地区などを避けて越境してきていることも明らかにされた。これ

により，部落解放同盟が中心となり差別越境入学反対の闘争が展開され，大阪府・市教委は奈良県側とともに差別越境追放の基本態度を正式に決め，教員の転勤や加配などをはじめとしてさまざまな取組が展開されていった。このような越境入学の状況は矢田中学校にもあり，この問題に教職員が熱心に取り組んでいる矢先に次のようなあいさつ文が配布されたのである。

> 　昨年はご支援ありがとうございました。残念ながら落選しましたが，本年こそはと頑張っていますので，どうぞよろしくお願いします。
> ①労働時間は守られていますか。自宅研修のため午後四時頃に学校を出ることができますか。仕事においまくられて勤務時間外の仕事を押しつけられていませんか。進学のこと「同和」のことなど，どうしても遅くなること，教育懇談会などで遅くなることはあきらめなければならないのでしょうか。また，どうしてもやりたい仕事もやめなければならないのでしょうか。
> ②教育の正常化に名をかりたしめつけや管理がありませんか。越境・補習・「同和」など，どれをとりあげてもきわめて大事なことですが，それに名をかりて転勤・過員の問題や特設訪問や，研究会，授業でしめつけがみられて職場はますます苦しくなります。新指導要領についても同様です。「どんなよいことでも，お上（行政）からきめられたことはダメだ。自ら要求し自らかちとったものが身になり肉になる」ことをひしひしと思い知らされます。
> ③最後にもう一つ，平和を守り沖縄の即時無条件全面返還と安保廃棄のたたかいを暴力集団を除いた全民主勢力でかちとる。東京都や沖縄の三大選挙のような統一戦線をつくりましょう。まだまだたくさんありますが，このようなことを奮闘して頑張っていきたいと思います。どうぞよろしくご支援ください。

この文書にみられるように，子どもの学習権と教師の労働条件を対立させてとらえ，ただ教師の労働条件が改善されれば良いという立場に立つのか，あるいは，子どもたちにとって必要なことなら，たとえ時間がかかろうとも主体的に取り組み，その上で子どもたちに行き届いた教育を保障できるように労働条件の改善を要求するという立場に立つのか，同和教育の根幹を問うた事件であった。しかし，このあいさつ状をめぐって，労働条件改善に名を借りた差別文

書であるとして，糾弾を行った部落解放同盟大阪府連矢田支部に対し，その糾弾会の中で暴力を振るわれたとして同教諭らは告訴し，これにより当時の支部長及び書記長が監禁容疑で起訴された。

この事件の糾弾について，当初，関係教諭らは支部の指摘を受けて「軽率に書いたことは非常に悪かった」と認め，糾弾会に出席することを承諾していた。ところが関係教諭らはその後「差別でない」と態度を一変させた。解放同盟や市教委，さらには市教組による度重なる集会への出席の説得にも，何度も出席の約束を破り続け，そのような態度にたまりかねた人々が矢田市民会館に教諭らの腕をつかんで連れ出し，抗議をしたのである。その中で，黙秘をし続け対話する姿勢の見られない彼らに対し，差別への怒りから罵声と野次の飛び交う極めて緊迫した状況となったのである。

第1審判決では無罪，第2審では動機・目的の正当性を考慮に入れても，相当と思われる程度を超えているとして監禁罪にあたるとしたが，あいさつ状等を差別文書であるとした1審認定は正当であり，被差別部落出身者が直接的に差別者に対し厳しい糾弾をなすことも是認されると認定した。

1974年には兵庫県立八鹿高校で被差別部落出身の生徒たちが中心となって求めた部落解放研究会の設置をめぐって，同校教職員らの対応が引き金となって八鹿高校事件が起こった。解放研の活動は学習だけでなく，校内における差別の点検と差別に立ち向かうことを主張していたが，教職員らはこれを解放同盟の学校介入への尖兵だとしてその設立を認めなかった。

生徒たちの八鹿高校における同和教育についての話し合いの求めに対し，一時は承諾するも職員会議の結果拒否をした。これに対して生徒たちは座り込み，ついにはハンストに入った。それを知った解放同盟・労働組合などを中心とした共闘会議が結成される。しかし，教職員らはその生徒たちを放置して集団下校する。この行動に，解放同盟や共闘会議のメンバーらが教職員を八鹿高校まで戻し，約60人の教職員を糾弾し，その最中に「暴力行為」があったというものである。

この事件によって12名が起訴され，執行猶予つきの懲役刑の判決が下された。

しかし，その判決文においても一連の教職員のとった行動に対し「政治的観点にとらわれすぎた硬直した態度であるとの非難は免れがたい」としたように，この事件は被差別部落出身の生徒たちや保護者，住民の解放に向けた鋭い要求を「ファシズムの教育介入」という捉え方しかできなかった対立関係がもたらした事件であった。

　解放同盟の「糾弾」をめぐっては，この二つの事件以外にも全国各地で「糾弾」＝不当な暴力とするセンセーショナルな宣伝が行われ，その結果，「部落はこわい」という市民意識が助長されたことは見逃すことはできない事実である。

　これに加えて，同和対策事業が本格的に実施されると，「ねたみ意識」が生み出されるという新たな問題も生じた。「特別措置」としての被差別部落だけを事業対象とした法律であったため，一般施策の貧困さからくる矛盾とがあいまって周辺住民に「ねたみ」意識を生むこととなった。同和施策を実現させるに至った部落大衆の粘り強い運動の姿を見ることなく，結果としてさまざまな事業が実施されることに対する「ねたみ」は新たな「差別意識」とも言うべきもので，その解消に向けて解放同盟は行政を巻き込んで，部落問題や同和行政の正しい理解を求める地域集会などを開催していくこととなった。佛教大学を会場にして毎年開催される北研もその一つである。

　こうした運動が進められてきたが，一方で，部落解放の理念もなく事業目あてで運動に参加する人や，事業の実施に絡んで不正や腐敗が起こることも出てきた。また，本来は部落解放のための手段であったはずが，事業の実施そのものが目的化してしまうといったことも起こってきた。こうした問題に対して部落解放同盟は組織を強める中で克服していこうとした。一方，運動の方向性に対する違いを端に発して前述した糾弾闘争を「暴力事件」と規定した人々は，部落解放同盟を十把ひとからげにして暴力と利権の集団であるかのように宣伝し，「部落はこわい」という市民の差別意識を助長した。

　さらに，同和対策特別措置法が3年間延長された1979年ごろから，この市民意識を利用して利権をあさる，いわゆる「えせ同和行為」も横行し始めた。そ

の存在は部落問題の解決を遅らせる妨害行為として現在も問題となっている。

3 差別を商う部落地名総鑑・地名リストの意味

　1967年，抹消部分の痕跡のある戸籍が自由に閲覧されて就職や結婚の際の身元調査に悪用されていることが発覚した。1873年に編成されたいわゆる「壬申戸籍」である。部落解放同盟は壬申戸籍全体の廃棄（閲覧を禁止し，学術上の貴重な資料として厳重に保管すること）を求めて運動を開始した。その結果，壬申戸籍の自由閲覧は禁止され，厳重保管されることとなった。

　また，この結果，1976年の戸籍法改正により，壬申戸籍だけでなく現在使われている戸籍の閲覧が制限された。現在ではさらに住民票も含めて閲覧が制限されている。

　さらに，就職に際して提出する応募書類として企業が一方的に記入を求める「社用紙」が使われていた。それは，家族やその職業・家の資産・収入・宗教・住宅付近の地図など詳細に問う様式で，それ自体が被差別部落出身であるかどうかの判断材料としての性格のものであった。1960年代後半，全同教進路保障協議会で各地から就職差別事件が報告されたのをきっかけに，「答申」以降の部落解放運動の高揚ともあいまって，記述内容を簡素化し差別につながらない「全国統一応募用紙」を使うよう働きかけ，1974年に実現した。

　しかし，特措法が施行され同和対策事業が本格的に取り組まれはじめる中，1975年12月にある企業の個人から匿名で部落解放同盟宛に1通の手紙が届けられた。全国の被差別部落の地名などを一覧にした『人事極秘』というタイトルの本が1冊数万円で売買されているというものだった。調査の結果，『日本の部落』など同様な本が8種類，200以上の企業・個人が購入していたことが明らかになった。地名総鑑の作成者は，興信所・探偵社関係者らで，人事や結婚にまつわる調査の経験から，地名総鑑を作成し販売すれば利益を上げられるとの考えから作成販売したものである。購入した企業は，主として採用にあたって被差別部落出身者を調べるためというのがその動機であった。また，個人による購入の動機は結婚にあたっての身元調べというのがそれであった。

地名総鑑に対する糾弾闘争が取り組まれる中で、興信所や探偵社などの企業に対して、大阪府などの自治体レベルで部落差別調査を規制する条例が相次いで制定された。また、地名総鑑の購入企業に対しては、就職差別の根絶と差別体質の撤廃を求め、追及がなされた。その結果、地名総鑑を購入した企業が中心になって全国13の都府県に同和問題企業連絡会が結成され、部落差別撤廃に向けた取組が実施されるようになった。

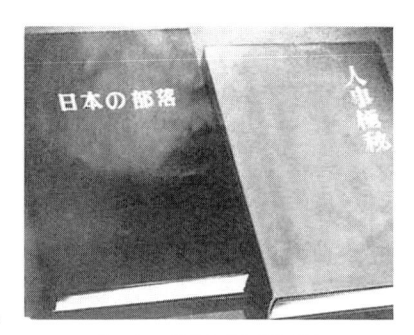

『日本の部落』『人事極秘』
(『解放新聞』大阪支局提供)

　法務省は1989年にこの事件の終結声明を出したが、パケット通信により地名総鑑が流されるといった事件や、パソコン通信で地名総鑑の所有者に被差別部落の所在地を尋ねるといった事件が起こっている。

　この事件を通して、就職差別や結婚差別といった面で企業や個人の市民意識などに部落差別が解消されていないことが明らかとなった。また、1967年に実施された戸籍の公開制限や1974年の統一応募用紙の使用などに見られる部落差別撤廃に向けた社会の動向の中で、地名総鑑の販売購入が行われてきた事実は、部落差別の根強さを示すこととなった。さらに、日本経済の景気後退と軌を一にして部落地名総鑑が販売購入されていた事実から、被差別部落が経済変動の影響を深刻に受けていることが明らかになった。

(松本一人)

3　京都市における同和施策の本格的実施とまちづくり運動

１　改良住宅建設とまちづくり

　終戦から5年が経過した1950年、建設省が改良住宅建設計画の意向をもっていることを察知した京都市は、10月に「京都市不良住宅地区改良事業計画大綱」について検討を行い、1951年から5年間で、市内8地区を対象として、道

路の拡張・上下水道の完備と改良住宅の建設を行う方針を確認している。そして，計画の具体化に向けて助役を委員長とする『京都市不良住宅対策委員会』を発足させ，楽只・養正・東三条・壬生の4地区の不良住宅調査を実施している。また，政府に対しても「国際文化観光都市建設のうえからも不良住宅地域の問題は放置できない」旨の陳情書を送付している。

　以上のような京都市（高山市政）の不良住宅地区改良事業具体化に向けた積極的な姿勢が評価され，1952年建設省はモデルケースとして京都市に対して24戸（他に東京都・神戸市でも各24戸）の改良住宅建設を内示する。これを受けて京都市では4月に京都市不良住宅対策委員会をもち，錦林地区での24戸の改良住宅建設を決定する。そして，京都大学の西山助教授の設計による京都市内で初めての改良住宅24戸の建設が11月に始まり，翌1953年5月，錦林地区に完成する。

　6畳，4畳半，板の間3畳に台所，便所など，1戸当りの居住面積は12.5坪（約40m^2）で，当時の2種公営住宅の基準であった10坪よりもかなり広くつくられていた。家賃は700円（公営住宅法に基づくと1757円）。所得や生活改善意欲などの入居基準を設定し，6月より入居を開始している。入居にあたっては『住まい方のしおり』を配布し，電気・ガス・水道・台所・便所・洗濯場の正しい使用方法，電気・ガスのメーターの見方や換気の仕方などについて指導が行われている。

　当初，京都市は，改良住宅建設のモデル地区の候補地として東三条地区を考えていたようだが，地元の協力が得られないことから東三条案をあきらめる。そして「青年たちによる自治組織が運営され，積極的に町民自身の手による改善運動並びに事業を行い居り……中略……今後本市においてはモデル地区として重点的に取り上げている」とする錦林地区に決まったようだ。

2　千本（楽只・鷹峯地区）における住環境改善の歴史

　京都市内で初めての改良住宅24戸が錦林地区に完成した後，1954年養正，1956年崇仁に市営住宅（鉄筋コンクリート3階建）が完成し，1958（昭和33）年10

月，楽只第1棟が完成する。当時，千本の南側を東西に走る北大路通りは25mの幅であった。しかし，地区内のメインストリートで南北に走る千本通りは，北大路でストップするかのように，地区の入り口からは極端に狭い6m足らずの道路であった。地区の中は狭い露地が縦横に走り，不良・危険・過密住宅が軒を連ねていた。雨漏りがひどく不衛生な不良住宅，1戸に数世帯が住むという過密住宅，特に不良・危険住宅が密集していたのは地区西部の東西町，末広町西部などで，4畳半一間に一家族という状況であった。井戸や共同水栓を利用しての炊事・洗濯。便所は共同で，朝になると順番を待つために列をつくらねばならないというような生活を強いられていた。公的な施設としては，融和事業の名残としての保育所とトラコーマ治療の目薬点眼所を併設した隣保館と保健衛生施設としての共同浴場の2か所だった。1965年までの住宅建設は1・2・3・4・5・8棟の74戸だったが，65年以降は急ピッチで住宅・施設建設などが進んでいくこととなる。1966年3月，地区外用地での市営住宅建設として京都市内では初めての鷹峯第1棟が竣工する。これは，住宅地区改良事業法がクリアランス方式（行政が不良住宅を買収・除却した後に改良住宅を建設する）であるために数年先でないと事業対象にならない危険住宅があり，より早く事業を進めるために地区外用地を先行取得するよう行政に求め，鷹峯木ノ畑町に地区外用地を確保し建設に至った。ここには，不良・危険・過密住宅が密集していた地区の中心である末広町・仲ノ町・松並町の住民が入居し，入居に際しては，初めて公開抽選方式が採用された。1969年4月には，子どもの保育権，親の就労の権利保障を目的として楽只乳児保育所が完成している。また，依岡医院が千本の中で唯一の医療機関として民家の一室を借りて開業していたが，家屋が買収の対象となった。そこで，公設診療所を設置することを求めて行政交渉が重ねられ，京都市内の同和地区で初めての公設（民営）診療所が完成する。

３ 住宅地区改良事業による住環境改善の完成

　1970年まで住宅地区改良事業を進める上での京都市の入居基準は，「一世帯7人までで1戸の住宅，世帯分離可能な場合は2戸の住宅。ただし，1戸の除

却家屋につき，何世帯居住していようとも改良住宅は2戸が限度。残りの世帯は地区外移転もしくは，公営住宅に特定入居」というものであったが，71年度事業からは希望すれば1戸の除却家屋から何世帯でも改良住宅に入居できるよう基準の改訂が行われた。後年には，地区の改良住宅に入居希望していながら，かつての基準で仕方なしに公営住宅に入居した人に対しても「公営戻し」が行われている。また，この頃になると改良事業が取り組まれて15年近くが経過しており，初期に建設された10坪ほどの1～4棟では，過密居住が深刻な問題となっていた。

　そこで，1972年3月に完成する鷹峯4棟で過密対策が行えるよう行政と数回にわたって交渉が持たれ，72年4月の千本支部が主催する町民集会で過密対策については，2世帯5名以上をその対象とする事，女性が千本出身の世帯についても男性のそれと同じように扱う事，世帯分離や結婚対策そして「公営戻し」などについて地元と行政で基本的な合意が行われた。そして，建設されたばかりの鷹峯4棟で初めての過密対策を実施するよう行政に求め，徹夜交渉となったものの鷹峯4棟での過密対策が実現した。そして1976年楽只13棟の完成・入居と14棟の建設をもって千本通り以西と鷹峯の改良事業をほぼ完成させ，残すは千本通り以東のクリアランスのみとなっていた。楽只地区での住環境改善の取組は，公営住宅の建設にはじまり浴場・隣保館の建替，福祉・学習センター，乳児保育所や診療所が建設されてきたが，それらは全体計画を策定し，その中で配置されたものではなかった。また，人づくりと一体となった町づくりを進めていく必要があるとのことから，1974年11月千本支部によって「住宅局が『総合計画（マスタープラン）案の策定』に向け，行政の中心となって京都市各局との連携を取り，早急に地元と一緒に総合計画案策定委員会を設置する」よう要請が行われた。そして，翌年11月，住宅局より「楽只地区同和対策総合計画についての試案」が出された。これを総合計画（案）策定のたたき台としながら1年近く議論が交わされ，1976年11月，部落解放千本地区総合計画策定委員会が地元と行政によって組織化された。

　第1回総会では，町づくり委員会と人づくり委員会の二つの小委員会を設置

することが確認された。町づくり委員会では総合的な住宅・公共施設等の相互関係・相互機能を考えた適切な配置の検討と都市防災・公害対策・交通および福祉の立場からの町づくりの検討。「千本通り以西の町づくり完成に向けた取組と千本通り以東の開かれたコミュニティ構想計画と具体化，そして鷹峰地区を視野に入れたまちづくりの具体化に向け1～4棟の建替問題・医療センター建設・旧隣保館跡利用問題など11に及ぶ項目に取り組むこと」また，「高齢者の実態調査，保健・医療に関する実態調査，周辺住民の意識調査の実施に取り組むこと」が確認された。人づくり委員会では，「開かれたコミュニティ」の中身の具体化。意識調査実施に向けた検討。就学前・学校・社会教育の現状と今後のあり方について7項目の取組を具体化することが確認されている。そして，第1回総会では，総合計画を以下のように位置づけている。

「部落の住環境・生活環境が変革していくことは，あわせて一般地区の住環境・生活環境も向上していくような有機的な関連を持たせて事業の推進を図っていくことが求められている。……（中略）……そうして，自分たちの町を自らの手で差別のない・差別を許さない町につくりかえていくことが部落解放総合計画の究極的な最終到達目標である。」

4 千本の現況

千本は，2000年現在で人口は推定で約800人，世帯数400前後，平均世帯員数2人。面積は5.87 ha。京都市域の北西部に位置し，鷹峯を経て京北町にいたる周山街道の起点に位置している。北部には北山山麓が迫り，周辺一帯には名所旧跡が点在している。佛教大学をはじめ，学校施設や住宅地が隣接しており，地区内を幅22 mの都市計画道路が貫通している。1957年より住宅地区改良事業など（楽只第1，2，4棟は公営住宅法で建設）によって環境改善・整備が進み，事業の過程において，佛教大学をはさんで地区の約300 m北にも用地を確保し，現在18棟，500戸（内，4棟130戸が北部の鷹峯地区に建てられている）の改良（市営）住宅と建替住宅1棟24戸。公共施設は，屋内体育施設併設のコミュニティセンター，同鷹峯分館，同資料室（ツラッティ千本），幼児保育所，乳児保育所，

福祉センター，学習施設，診療所，児童館，市営浴場が整備されている。仕事は，1950年代の調査では，日雇い・西陣の織り子といった職業が過半を占めていたが，80年代を通しては，有業者の約半数（1991年の調査で約55％）が京都市の現業職を中心とした公務員であった。90年代以降公務員の割合は激減しており，2000年調査では今日的に，不安定就労が大部分を占めている。校区は，小学校が楽只と鷹峯の2校，中学校は嘉楽・旭丘の2校となっている。

5　共生・永住に向けた新たなまちづくりの検証

　戦後の部落解放運動が組織され，行政闘争が展開されてきた。とりわけ60年代半ば以降，日本全体の「高度成長」とも相まって，それらの取組は大きな成果をあげる。京都市に典型的に見られるように，同和施策は，属地属人を基準とした特別施策として部落に集中的に投下されてきた。隣保館や保育所，学習センターに屋内体育施設や福祉センター等が建設されてきた。それらの施設は，一般的な公共施設とは異なり，「同和施策の投下拠点」という性格のものであった。これら同和施策の目的（格差の是正と低位性の克服）と実施基準（属地属人）は，それにとどまらず，部落解放運動をも（運動論，組織論において）規定してきた考え方でもあった。

　80年代以降，顕著になってきた「二極化と空洞化」は，こうした施策のあり方，運動のあり方の根本を問うものだった。部落解放運動によって組織され，同和行政によって支えられ，同和教育によって育てられた，部落の将来を担うべき人材が，絶え間なく部落の外へと流出してしまうという現実。それは，部落と部落解放運動が，そうした人々にとって自らの力をふるうべき，未来への投資の対象とみられていないということを意味している。

　一方，生活上に何らかのハンデを有し，行政施策の援助を必要とする層が部落の中に厚く存在している。「同和施策は貧困対策ではない」，これは，運動・行政・教育に携わる人々が，当然の前提として口にしてきた言葉であった。しかし現実には，従来の施策は，貧困対策としての性格を強めざるを得ない状況にある。しかも注視し，検討しなくてはならないのは，最も手だてが必要な層

に現在の施策が有効なはたらきをしていない可能性がある——ということである。「格差の是正と低位性の克服」「属地属人」にかわる，同和教育・行政，そして部落解放運動の新しい理念・内容・基準が創り出されなくてはならない——90年代に入ってから千本でその模索が続けられてきたのである。その中で展開され始めたのが，改良住宅の建替問題をきっかけとした「2010年のまちづくり運動」である。

そして新たなまちづくり運動を展開する組織として，1993年5月19日，千本ふるさと共生自治運営委員会（以下，じうん）が，楽只地区の各種団体に楽只・鷹峯の両社会福祉協議会を加えた15団体で発足した。これに加えて，楽只・鷹峯両小学校のPTAもオブザーバーとして参加している。新しいまちづくりにあたってまず必要なのは「行政に要求を認めさせる」あるいは「運動団体の主張をたたかわす」ことではなく，「千本の住民としての意見」「住んでいなくても，千本のまちを心のふるさととする者としての意見」を出しあい組織することであると考えられたからである。

どんな暮らしをしたいか，どんなまちにしたいのかを周辺地域からの参加も含めて，住民自身が語り合いながら，将来のまちの見取図づくりが進められてきた。共生や自治，永住などがキーワードとして生まれ，生活や要求に応じた多様な住宅の選択を可能にするシステムが追求されてきた。「戸建て分譲・持ち家」といった，これまでの「特別施策としての同和行政」の枠をこえるアイデア。コーポラティブ住宅やスケルトン住宅といった，集合住宅建設の最先端の試みも検討されてきた。

約40年前に建てられた住棟の，建替計画案の策定にとりかかったのは，じうん設立から5年後の1997年11月のことである。この計画づくりは，建替の対象となる楽只第1・2棟の住民，じうん事務局，そして計画設計を担当するプランナー，学識者，行政を交えて行われた。従来なら行政主導で行われた住棟計画も，今回は居住者の意見を十分に反映することができるように，住民を主体にした計画づくりが進められた。

最初に，居住者から建替に対する不安，夢を語ってもらうことから始まり，

およそ月に1度の割合で10数回のワークショップが開催され，そこでは「どのような暮らしがしたいのか」「家賃」「家の広さ」「住む場所」「間取り」と多岐にわたり議論がなされた。そして数度の戸別訪問などを経て，1999年5月に「新楽只第1棟基本計画（住民案）」が作成される。
　住宅の広さは70 m^{2}と55 m^{2}の2種類，間取りなどについても，画一的なものではなく，それぞれの住まい方の希望が反映された。また，扉も，内と外を遮断するものではなく，内と外とが自然に連続するように，引き違い戸を選択することもできる。戸別の居住空間の整備にとどまらず，「近所のつき合いを大切にしたい」，「地蔵盆には，みんなで集まりたい」という住民の思いから，人と人とが出会えるスペース「お地蔵さん広場」が盛り込まれた。こうした経過を受けて作成された京都市としての事業計画が，1999年暮れ，建設省に認可された。住民サイドでは，新棟で人々がどのように暮らしていくか，いわば生活のルール作り等が話し合われようとしている。「住宅の建替」ということで，ややもするとハード面に焦点が当てられることが多いものの，ワークショップの場では，これまで近所に住み，名前は知っているが話したことがない人と未来の生活について言葉を交わし，自分たちの暮らしを見つめ直す，そんな光景がしばしば見られた。ここに，まちづくりがめざすコミュニティの活性化がある。このような取組があって2001年「らくし21」が竣工する。
　さて，千本での建替は，これまで進めてきた部落解放運動の成果と同時に今後，進める「まちづくり」の課題を示すものであった。課題の一つは，まちづくり組織の確立。住民間の意見を集約し，まちの自治管理をする組織への行政からの支援は，行政とのパートナーシップの観点からも，不可欠なものであった。また，建替に限らず，直面する課題は，新しい家賃体系「応能応益制度」であった。高齢者層等に対しては「減免制度」適用が見込まれる一方で，所得の高い世帯に対しては，「市場並み家賃」が適用されることになった。これにより，所得の安定した層の流出にさらに拍車がかかり，同和地区が高齢者や所得の低い層だけが住むまちになってしまわないか，そんなことが危惧されている。「千本に住みたいけど，自分の家を持とうと思ったら外に出るしかない」

――こう考えている人々に応える方法はないだろうか。千本地区では，その一つとして，行政から土地を50年あるいは60年といった期間の借受け（定期借地権）で，居住者が家を建てるコーポラティブ住宅の建設が議論され具体的な取組が始まった。建設省でも，多様な住宅供給を推進する方向で，住宅地区改良事業が進められている。

　このような議論を住民自身が，今，どのように受け止め，展開するのかが問われている。誰もが，家賃は安い方がいいと考える。しかし，「家賃が安いから公営・改良住宅に住む」わけではない。住民の豊かなコミュニティを育むためにも，所得の高低にかかわらず，さまざまな人が千本に住み続けることができる，住宅供給や家賃などのシステムの構築が求められている。

（後藤　直）

学習課題

○　戦後の民主社会で，部落問題がどのように扱われてきたのかを調べてみよう。
○　戦後の部落解放運動がどのように発展してきたのかをまとめてみよう。
○　同和施策がどのように実施されてきたのかをまとめてみよう。
○　部落解放運動における「糾弾」についてまとめてみよう。
○　今日の同和行政，人権と福祉のまちづくりについて各地域の取組を調べてみよう。

第9章

同和教育から人権教育への展望

1　同和教育の理念と課題

　本書では,「同和問題を解決するための教育,『同和教育』について, 部落の歴史, 解放運動の進展, 同和行政における事業等を通して, 全国的な動きを視野に入れながら, 京都市, あるいは千本地域での取組を取り上げて論を展開してきた。ここでは, 21世紀を「人権の世紀」と位置づけ, 国際的な人権教育の潮流を踏まえて,「同和教育から人権教育への展望」について, 一つの考察を終章として置くことにする。

1　同和教育の理念と人権教育

　同和教育とは, 部落差別をなくすためのすべての教育活動をさす。それには, 大きく同和地区に対する差別意識を払拭するため同和地区外に働きかける教育活動と同和地区を対象とした教育活動がある。

　部落差別は, 同和地区出身者一人一人の暮らしのなかに, 貧困としてあらわれたり, 結婚や就職における不当な扱いとしてあらわれたり, 子どもの進路展望の限定という形であらわれる。部落差別によって子どもの頃から厳しい生活を強いられ, 教育の機会均等が保障されなかったり, 現在においても学力実態に見られる格差が存在している。そのような実態を改善し, 教育の機会均等と学力・進路保障を実現していくことが同和教育の重要な内容である。すなわち, 同和教育の実践は, 教育にみられる部落差別の現実に対する取組からはじまったのである。これは, 個別の差別問題に取り組む教育運動がそうであるように,

177

悔しい思いをしている人がいるからこそはじまったのであり，差別に立ち向かう被差別者がいるからこそ教育運動として盛り上がってきたのである。同和教育は，「世界人権宣言」や「国際人権規約」がまだ提起・提唱されていない頃から取り組まれてきた。法律や制度は，同和教育の実践やその運動の高まりの過程において生まれてきたのである。

　よって，「世界人権宣言」や「人権教育のための国連10年」などの人権条約は，これまでの同和教育の理念を変容させるものではなく，国際的な人権基準について新たな指針を提示する支えとなるべきものである。ただ問題が生じるとすれば，一つの差別問題への取組をほかの差別問題への取組と対立させたり，「被差別者でない人」への人権侵害を軽視したりするときではないだろうか。さまざまな差別問題に取り組む教育運動が相互に連携を深め，「被差別者ではない人」も含めて反差別の教育を推進していけるかどうかが課題となる。

2　同和教育の課題

　「同和教育」と「人権教育」との関係は，「差別を許さない」という共通基盤を持ち，両者は決して矛盾するものではなく，互いに重なり，共に発展していかなければならないものである。もはや「同和教育」は終結し「人権教育」に切り換えるのだとか，安易に「同和教育」という言い方から「人権教育」という言い方へ切り換えさえすればいいのだとする考え方は論外として，「人権教育の必要性が強調される中で，同和教育が薄められるのではないか」という声に対しては，「同和教育」そのものが抱えている課題を考えることで「人権教育」との関係を明らかにしてみたい。

　抱えている課題の一つは，「同和教育」というと同和地区を含む学校だけの特別な教育活動として矮小化される傾向があることである。同和問題解決をめざす同和教育が，同和地区だけに対する教育という狭くて勝手なイメージをもたれている限り，その目的は達成できない。なぜなら，同和問題は同和地区や同和関係校だけの問題ではなく，同和地区・同和地区外両方に関わる共通の問題であるからである。差別の問題が，被差別の側の課題のように受け止められ

がちであり，人権といっても被差別者の問題（他人事）として理解されていることが多い。学校においても，「本校は，同和地区を含まないので，同和教育ではなく人権教育をしている」という言葉からも，差別を受けている特定の人の問題という意識や考えが浮かび上がってくる。

　二つ目は，同和教育は「差別を見抜き，差別を許さない」取組や実践を重ね，すべての児童・生徒に社会の不合理や矛盾を鋭く捉え，これを粘り強く解決しようとする強い意志や態度を育てようとしてきたにもかかわらず，その目的が十分に理解されず，あるいは歪められ，結局「差別する側」「差別される側」という大きな壁を作ってしまっていることである。そのことは，単に差別的な事件に直面した時に限るものではない。大切なことは，人と人とが共に豊かに繋がっていくための力を創りあげていくことである。差別とは，「人と人との関係を断ち切る」ものである。人と人とが共に生きていくためには，相手を尊重しながら自己主張する態度や能力を身に付けることではないだろうか。そのことが，民族や文化の違いを越えさまざまな人々と豊かに繋がっていくことにもなる。

　三つ目の課題は，狭義の「同和教育」における学習内容である。「同和問題指導」「同和問題に対する認識の素地を育てる指導」「人権に対する認識を育てる指導」や「同和問題学習」「人権学習」においての学習内容がマンネリ化し，パターン化されがちであり，学習者である児童・生徒も受け身的・座学的学習に陥ってしまっている。「差別の現実に学ぶ」中で，差別・被差別の関係に終始し，「よいか，悪いか」という捉え方のみで，人間としての生き方にまで高められていないことである。同和問題を正しく理解するということ，同和問題に対するイメージをマイナスからプラスに転換していくこと，という学習の発想をさらにすすめ，一人一人が「自分らしく生きる」ことの実現を目指した学習としていくことが求められる。

　こうした「同和教育」の課題を克服していくためには，今までの「同和教育」のあり方から新たな展開をもって取り組んでいかなければならない。そこで，「人権教育のための国連10年」で示されている人権教育の概念をもとに，

学校における「人権教育」を創造していくことが重要となってくるのである。すなわち,「人権という普遍的文化」が構築された社会とは, 憲法の定める基本的人権の尊重の原則や世界人権宣言などの趣旨に基づき, 人権の概念及び価値が広く理解され, 人権尊重の精神が日常の行動の規範となる社会のことである。人権教育は学校教育の一領域のみに位置づくものではなく, 教育全般に及ぶものである。そして, 人権教育の推進にあたっては「学ぶ機会」,「学ぶ環境」,「学ぶ内容」,「学ぶ目的」などを人権の視点から総合的に捉えることが必要である。この4点から導かれる人権教育の取組は, 同和教育をはじめとする人権問題の解決のための諸取組と軌を一にするものである。

2　人権教育の理念

1　世界人権宣言と人権教育

◉世界の状況

　世界人権宣言は, 第2次世界大戦を深く反省する中から「差別を撤廃し, 人権を確立することが恒久平和に通じる」との確信のもと, 1948年12月, パリで開催された第3回国連総会で採択された。この世界人権宣言は, 宣言という形ではあるが, この50数年間に国際人権保障の分野において極めて重要な役割を果たし, 今日では, 国や地域, 文化, 宗教の違いを越えて, 遵守されるべき人権の基準として広く受け入れられている。その成果は, 反差別国際運動日本委員会の論説「世界人権宣言50周年を記念した取組と, 人権教育のための国連10年の推進を」で, 以下のようにまとめられている (反差別国際運動日本委員『現代世界と人権12　人権の世紀をめざす国連人権教育の10年』解放出版社, 1998年)。

・継続して存在している重大な差別や人権侵害が,「国際的関心事項」として取り上げられるようになってきたこと。
・国連においては, 人権委員会, 差別防止・少数者保護小委員会 (人権小委員会) に代表される人権確立に向けた会合が定期的に開催され, 世界中の人権問題が活発に取り上げられてきていること。

- 世界人権宣言の精神を踏まえて，具体的に差別撤廃と人権確立を実現するために，国連だけでも23もの条約が採択され多くの締約国を見ていること。
- 地域的に見ても，人権条約や人権委員会，さらには人権裁判所が整備されてきていること。
- 地球的な視点から，差別撤廃と人権確立に取り組む人権NGOが数多く誕生してきていること（アムネスティインターナショナルや反差別国際運動など）。
- 南アフリカに存在していたアパルトヘイトの廃絶が実現し始めてきたこと。

しかしその一方で，多くの問題が存在していることも指摘している。とりわけ，冷戦構造が崩壊し，世界の一体化（グローバル化）が進行するなかで，次に挙げるような新たな問題が生起してきていると指摘している。

- 一国の枠を越えた自由放任主義的な経済活動が活発化し，超独占体や投機的な国際金融資本の動向が世界を大きく左右する時代が到来したこと。
- 世界的にも，一国内的にも経済的な格差が拡大してきていること。そして，経済的に困難な層に，先住民族や少数民族，被差別カースト出身者や移住労働者などがおかれてきていること。
- 女性や子どもの人身売買がグローバルな規模で拡大している。また，先進工業国への移住労働者が増大し，人種主義的な人権侵害が多発していること。
- 全世界的に，政府開発援助（ODA）や社会保障，アファーマティブアクション（差別是正のための積極的措置）に関わった予算が削減されてきていること。
- こうした世界の変化の結果，世界各地で民族紛争が多発し激化してきていること。
- また，全世界的に「原理主義」や「ネオ・ナチ」の活動が活発化してきていること。
- 地球環境の破壊が急速に進行していること。

最近の世界情勢，特に世界的規模でのテロや紛争，中東での戦争，それによる難民問題などをみても上記の指摘どおり，世界の人権をとりまく大きな変化

と新たな問題に直面していることを実感させられる。

◉日本の状況

　第2次世界大戦後の日本においては，1947年5月3日，平和・民主主義・基本的人権の尊重を柱とする日本国憲法が施行された。この憲法の基本的な精神は，「世界人権宣言」と同一である。そして，1979年6月に，人権に関する世界の憲法とも言うべき「国際人権規約」（「経済的，社会的及び文化的権利に関する国際規約」国連採択は1966年12月）が批准された。その後は，「難民条約」「女性差別撤廃条約」「子どもの権利条約」「人種差別撤廃条約」と，日本は国連の定めた一連の人権条約の仲間入りを果たしてきた。これらの条約の仲間入りを果たしたということは，日本国憲法の発展・具体化につながるとともに，国際社会との建設的な対話のもとに，日本社会に存在している差別や人権侵害を撤廃していく方向性を確実なものにしてきた。

　ただ，「国際人権規約」をはじめとする，人権諸条約の日本の締結は，いずれも完全なものではなく，未締結の人権条約も少なくない（拷問等禁止条約は未締結であり，国際人権規約の第1選択議定書，第2選択議定書は批准していない）。21世紀初頭の日本社会を見たとき，大競争時代の到来による企業倒産とリストラの拡大，社会保障の削減，民族排外主義の高まりなどの中で，さまざまな人権問題が深刻化してきている。以下にその一部を挙げてみる。

・部落差別の現状を見たとき，環境改善は一定前進してきたものの，生活や就労・教育面の格差は存在し，差別意識は依然として根深く，インターネットを使った悪質な差別事件も多発している。
・在日韓国・朝鮮人をはじめとする在日外国人に対する差別の現状を見たとき，内外住民平等原則が守られておらず，居住や労働，教育，社会保障や参政権などの面での差別が撤廃されておらず，民族教育が保障されていない。
・女性に対する差別について，セクシャルハラスメント（性的嫌がらせ）や女性に対する暴力が多発している。また，労働や社会習慣上の差別が根強く存在している。

・子どもの人権状況を見たとき，大人による児童虐待や体罰，「買春」や「児童ポルノ」の存在，「いじめ問題」の深刻な状況が続いている。

ここで，部落問題についてさらに言及してみる。1996年5月に出された「地域改善対策協議会意見具申」（以下，「地対協意見具申」）は，部落問題の現状について，これまでの取組によって解決に向けて前進しているものの依然として日本社会における重大な課題であると指摘し，「部落問題をはじめとした人権問題の解決は国際的責務であること」や，「今後，部落問題解決に向けた取組をあらゆる人権問題の解決と結びつけていくことの重要性」を指摘した。こうした基本認識の下に具体的には，「根深く存在している差別意識を撤廃するための教育・啓発の強化」「あとを絶たない人権侵害（差別事件）の被害者の救済のための抜本的な方策の確立」「特別措置を一般施策に移行しつつ部落差別が撤廃されるまで積極的に同和行政を推進していくこと」「適性化をおしすすめること」が提起された。

この「地対協意見具申」を受けて，国では人権擁護施策推進法の制定，「地対財特法」の一部改正5年延長を行った（「地域改善対策特定事業に係る国の財政上の特別措置に関する法律」1987年から1992年までの時限立法であったが，1992～97年までの5年間，1997～2002年の5年間と2回の延長措置がとられた）。一方，部落解放運動にとってもこれまでの綱領・規約を改正し，今後，部落の完全解放を国内外の一切の差別撤廃と結びつけていくこと，部落差別の結果のみでなく原因を取り除いていく取組を強化することなどを重視していくことが決定され，次の新たな運動が展開されるようになってきた。

こうして，部落問題の解決もさまざまな面から新しい観点により，追求されるところとなってきた。

２　「人権教育のための国連10年」の提起と国内の動き

● 「人権教育のための国連10年」の提起

1994年第49会期国連総会における決議の採択，国連事務総長による「行動計画」の報告を受けて，1995年から2004年までを「人権教育のための国連10年」

として国際的に人権教育の普及と確立に向けて取組が進められてきた。この行動計画では，1948年の「世界人権宣言」以来，「人種差別撤廃条約」(1965年)，「国際人権規約」(1966年)，「女性差別撤廃条約」(1979年)，「子どもの権利条約」(1989年) といった一連の人権についての国際的な宣言や条約，規約の採択を受けて，人権教育を推し進めるために，具体的な行動計画の確立を諸機関，諸政府，諸団体に求めている。

また，国連決議を受けた事務総長報告では，人権教育を「知識とスキルを分かち伝え，態度を育むことを通じて，人権の文化を世界中に築き上げることを目的とする教育・訓練・情報提供の取組である」と定義されてもいる。つまり今回の行動計画は，人権を守るということを宣言や条約のレベルでとどめるのではなく，人々の日常の生活レベルで具体的に実現していくことを求めている(「国連人権教育の10年行動計画」の訳文については，部落解放研究所編『国連人権教育の10年 (1995〜2004)』―人権文化を世界中に築くために―』解放出版社，1995年を参照)。

今回こうした決議や行動計画が国連によって採択された背景には，第一に第二次世界大戦以降，さまざまな宣言や条約によって人権についての国際的な基準が創り出されてきたにもかかわらず，今日においてもなお世界各地で人権に関する深刻な諸問題が山積みしている現状があり，これらの問題の早急な克服が求められていることが挙げられる。各地で続発する民族紛争や宗教対立は，人種差別，民族差別，そして女性や子どもへの差別を内包して繰り返されている。また，「先進国」といわれる国々においても，人種・民族・性などの差別が解決されないままである。宣言や条約にとどまることなく，具体的な人権を守る行動がさまざまな立場から展開されることが求められている。

第二に，そうした人権に対する危機は，国内あるいは国家間のレベルを越えて，地球規模，世界規模の人類の問題として存在していることが挙げられる。経済発展のみを求めた「開発」は，さまざまな環境破壊を生起させ，多くの人々の人権を脅かす問題を創り出してきた。地球温暖化の問題にせよ，環境ホルモンの問題にせよ，それらは国の枠を越えた地球規模の問題，人類の生存の

問題として解決が迫られており，人権という概念を世界的な規範として確立していくことが求められている。

　第三に，世界中の人や物や情報が行き交うボーダレスな社会の出現によって，人種や民族や宗教や文化の違いを認め合うグローバルな社会を創り上げていくことが求められていることにある。そのためには，人権の概念が，国際機関や国家間の規範としてのみ必要なのではなく，一人一人の個人のレベルにおいても生活の規範として確立されることが求められている。

　こうした背景のもとで採択された国連の行動計画では，人権教育が指向することを5点にわたり記述している。第一は「人権と基本的自由の尊重を一層強化すること」，第二に「個性を全面的に開花させ，人間の尊厳を大切にする心を十分に育てること」，第三に「すべての国民，先住民および人種・民族・エスニック・宗教・言語集団間の相互理解と寛容，性的平等および友好関係を促進すること」，第四に「すべて個人が自由な社会に効果的に参加できるようにすること」，第五に「平和を守るための国連の活動を促進すること」である。そして，これらの目的を追求する教育は，学校教育や職業・専門教育などといった定型的学習（formal learning）だけでなく，家庭やマスメディア，市民社会の諸機関などを通じた非定型的学習（informal learning）においても実現されるべきであり，国際機関および各国がこうした教育を推し進めていくために，それぞれが行動計画を策定し，実行していくことを求めている。

　その際，各国は警察・裁判官・教師・公務員・議員などの「人権の実現に影響力をもつ特別な立場にある人々に対する研修」を進めること，学校・大学などの機関の「人権教育カリキュラムとそれにもとづく教材や資料の開発」と「各教育段階にそれらの導入」を支援すること，そして，労働組合・マスメディア・宗教団体・地域社会組織などの「市民社会のしかるべき機関が人権教育を非定型的な教育プログラムに位置づける」ために奨励，支援することを求めている。さらに，そうした人権教育活動を進めていく上では，「女性・子ども・高齢者・マイノリティ・難民・先住民・生活困窮者・HIVキャリア・エイズ患者など，社会的に弱い立場におかれている集団にとくに焦点をあてる」

ことを強く提起している。

　こうした基本的な方向の提起の上で，国連の行動計画は，各国が実施すべき具体的取組として，人権教育教材の開発，人権宣言の普及，中間年の設定など細部にわたって提示している。

　このように，1994年に出された「人権教育のための国連10年行動計画」は，全世界において，人権教育を広げ定着させることを具体的に実現していくために，各国・各機関への責任ある行動の提起を呼びかけたものである。

◉国内の動き

　国際的な人権教育の提起に呼応して，国内においても人権教育の推進に向けた動きが高まってきた。1950年代より進められてきた同和教育の流れを受けつつ，それを推進してきた特別対策の法期限を契機として，人権教育の充実が提起されてきた。具体的には，1996年の「地対協意見具申」において，教育や就労，人々の意識における部落差別を撤廃していくために，同和教育を人権教育の重要な柱として再構築するという提起がなされ，1997年には，「人権擁護施策推進法」の制定とその審議会が設置され，教育・啓発については2年をめどに，人権侵害への救済措置については5年をめどとし，具体的施策の方向を出す審議が進められた。また，1995年12月には内閣に人権教育のための国連10年推進本部が設置され，1997年7月には，「国内行動計画」が策定された（人権教育のための国連10年推進本部『「人権教育のための国連10年」に関する国内行動計画』内閣官房内政審議室，1997年）。

　「国内行動計画」は，その「前書」部分で，国連の行動計画を引用して人権教育の定義が記述され，以下「基本な考え方」「あらゆる場を通じた人権教育の推進」「重要課題への対応」「国際協力への推進」「計画の推進」の5項目より構成されている。

　「基本的な考え方」では人権教育の趣旨や背景が述べられており，「地対協意見具申」を引用して，「21世紀を『人権の世紀』」とした位置づけを明確にした上で，国際的観点と国内的観点から人権教育を推進していく意義を述べている。

「あらゆる場を通じた人権教育の推進」の項では，学校教育や社会教育の場だけでなく，企業や一般社会における人権教育の推進，国連が提起した「人権にかかわりの深い特定の職業に従事する者」としての検察職員・教員・医療関係者・福祉関係者・警察職員・公務員・マスメディア関係者などを列記して，「研修等における人権教育の充実」を掲げている。

そして，「重要課題への対応」の項では，女性・子ども・高齢者・障害者・同和問題・アイヌの人々・外国人・HIV感染者等（HIV感染者・ハンセン病）・刑を終えて出所した人の九つの課題を挙げ，「偏見・差別を除去し，人権が尊重されるための施策を推進する」として，具体的な取組を記述している。

さらに，「国際協力への推進」の項では，国連の取組への寄与と開発途上国の人権教育への協力が，「計画の推進」の項では，地方公共団体や民間団体の取組への期待が述べられている。

「国内行動計画」は，国連の行動計画を受けつつ，重要課題に挙げられたように，国内固有の人権問題を踏まえ，具体的な取組をすべての教育分野において推進していく方向を指示している。各地方自治体レベルのものもほぼ同様である。

このように人権教育推進への動きは加速度的に進められている。この潮流は，「人権の尊重された社会」の実現に向けて，具体的施策の推進をも提起している。しかし，もう一方では，これまで日本独特の人権問題として存在していた同和問題の解決に向けた特別対策・特別措置が法的期限を迎えたことを契機として，国および各地方自治体や民間レベルにおいても，「同和教育から人権教育へ」といったスローガンが見受けられるようになってきた。特に1996年以降は，さまざまな関係機関や行政施策や研修会の名称などが「同和」から「人権」へと変更されつつある。問題は，「同和施策の終了が同和問題の解決でない」ということを認識した上で，「同和教育と人権教育」の関係を整理することにある。

1995年の総務庁調査をはじめ，各地の同和問題の実態調査は，生活，就労，教育，人々の意識などの面において部落差別が今日もなお厳然として存在して

いることを明らかにしている。同和問題は，いまだ解決していないのである。今日問題とされているのは，その解決に向けた手法のあり方であり，緊急的一時的なものでしかない特別対策という手法の単なる継続で問題が解決できるのだろうかという問い直しである。「同和教育が終結し，人権教育に移行する」という意味での「同和教育から人権教育へ」ということはあり得ず，同和問題の解決をめざした教育の営みと，広く人権を尊重する教育の営みとを有機的に関連づけ，相乗して社会の中に人権文化を普遍的価値として築いていくことである。「一般的人権」という抽象的なものはあり得ず，人権問題は個々具体的に存在していることを踏まえ，同和教育，外国人教育，総合育成支援教育（特別支援教育），男女平等教育など具体的な教育活動を展開することによって，総体としての人権教育は推進されるのである。

　21世紀は国家の比重が相対的に低下するであろうといわれている。これは，これまで国が担ってきたある部分は，国連をはじめとした国際機関，あるいは国際地域機関に委ねられることを意味している。また，他の部分は地方自治体に委譲されることになるだろう。さらに，21世紀の特徴としては，人権や地域環境，さらには平和を求めた企業や労働組合，民間団体（NGO）や市民の果たす役割が増大してくると思われる。よって，人権が守られ，地球環境と平和が擁護された社会とするためには，それに取り組む国際機関，政府，地方自治体，企業，労働組合，民間団体，市民などの連携を強化していくことが重要となる。部落差別をはじめとするあらゆる差別の撤廃と人権確立の教育としての同和教育も，国際化や地方分権化という時代の流れの中で，人権教育という国際的な視野での差別撤廃や人権確立の教育として推し進めていくことが求められる。

3 人権教育を取り巻く状況

　1994年12月の第49回国連総会において，1995年から2004年の10年間を「人権教育のための国連10年」とすることが決議された。この決議は，社会の発展と平和は人権の確立なくして成立せず，そのためには人権教育が不可欠であるとの認識に基づくものであり，人権確立の歴史ともいえる人類の歴史の今後の方

向は教育の力によるところが大なることを示している。決議において，人権教育は「人権という普遍的文化」の構築を目指し，「あらゆる発達段階の人々，あらゆる社会層の人々が，他の人々の尊厳について学び，またその尊厳をあらゆる社会で確立するための方法と手段について学ぶための生涯にわたる総合的な過程である」と定義している。従来，「人権教育」というと，「人権とは何か」「人権は尊重されるべきだ」といった人権一般論についての知識・理解を与える教育として狭義に受け止められてきた面があるが，「人権教育のための国連10年」が提起する人権教育は，人権にかかわるそれぞれの課題について，その歴史性など固有の経過を踏まえた取組の必要性を指摘するものであるとともに，個人の尊重という普遍的な視点からの取組を求めるものである。

　このような状況の中，政府は1997年7月4日に「人権教育のための国連10年国内行動計画」を発表し，「これまでの同和教育や啓発活動の中で積み上げられてきた成果等を踏まえて，すべての人の基本的人権を尊重していくための人権教育，人権啓発として発展的に再構築し，その中で同和問題を人権問題の重要な柱として捉え，今後ともこの問題の固有の経緯等を十分に認識しつつ，国際的な潮流とその取組を踏まえて……。」という基本的姿勢を示し，それに伴って各自治体においても行動計画が策定された。京都市においても1999年4月に「学校における人権教育をすすめるにあたって（試案）」，そして2002年5月に「学校における人権教育をすすめるにあたって」，2003年5月には「学校における人権教育をすすめるにあたって（資料集）」を発表した。その中で，子どもの人権をめぐる現状と課題で以下のように述べている。

　近年の急速な経済発展や交通・情報通信システム，物流システムの進展は，社会や家庭生活を著しく変貌させた。「速さ」「正確さ」「効率性」「合理性」などの価値観は生活の中にも浸透するようになり，人々の生活水準は向上し，物質的に恵まれた豊かな社会を創造してきた。こうした変化は，生活に余裕をもたらし，生活や人の交流に豊かさを生み出した。しかし，一方ではその変化の速度や価値観の一面的な強調は，人々の生活から「ゆとり」や「うるおい」を奪うことにもなっている。とりわけ，子どもにとって「ゆとり」や「うるお

い」を失うことは，人間形成の上で大きな問題である。映像などによる疑似体験は子どもたちの生活経験や自然体験などを著しく減少させてきた。そして，核家族化・少子化の傾向は，物を豊富に与えられて育てられる一方で，兄弟姉妹との関わりをもてず，家庭内での世代間の会話の機会も減少させてきた。人や自然と直接対峙し，自ら経験することによって自己をみつめるという，人間の成長にとって欠くことのできない環境までもが，モノの環境に変わりつつある。

　大人社会の中では，集団より個人の利害を優先する傾向，情報に流され正しい判断を見失いがちな傾向，前例の踏襲や他者への依存など創造性が欠如している傾向，精神的な価値よりも物質的な価値を優先する傾向，ゆとりの大切さを忘れ利便性や効率性を重視する傾向などが社会の風潮として頻繁に見られるようになった。このような社会全体の風潮を背景に，未知なるものに積極的に挑み，自分の将来を切り拓く大切さを語れない大人，自らの生き方を誇り，自信をもって子どもを導けない大人が増えており，子どもに大きな影響を与えている。中でも，親の育児への意欲・責任感や教育力の低下は深刻な社会問題となりつつある。

　このような社会や家庭の状況は，人と人との相互のつながりが実感しにくく，子どもの中に自他の命と人権の重みを軽視する風潮を生じさせたり，生活全般にわたって孤独感を増大させるなど，成長段階にあり時代に敏感な子どもに深刻な影響を与えている。子どもたちは，社会からの疎外感や将来への不透明感や閉塞感の中で揺れ動いており，安心できる心の居場所を求めている。そして，孤独感が高まると「疲れやすい」「食欲がない」「いつもイライラする」といったストレスを生み，「どうせ自分なんか」「誰にも迷惑をかけていないから放っておいて」という気持ちを生み，自己を否定し自分の存在や価値に自信がもてないでいるという状態にまで至ることになる。これらは，モラルや価値観の変質という段階ではなく，子どもの「心の健康」が大きく蝕まれた状況と認識する必要がある。

　程度の差はあれ，どの子どももこうした影響下にあると受け止めなければな

らないが，とりわけ同和地区の子ども，障害のある子どもや在日韓国・朝鮮人の子どもなどにとっては，こうした社会や家庭の状況が与える影響がより集中的に表れることが多く，こうした子どもたちの変化を敏感に捉え，子どもの人権を尊重するという視点に立って，子どもの自己実現を図る取組を進めなければならない。

　人権教育を推進するにあたっては，これまでの同和教育の取り組みに学び，教育の当然の原則である「子どもの実態や心の状態の把握」から出発すべきであり，今日の学校教育はこの原則を抜きにしては成立しないことを認識する必要がある。日常の学校教育活動を子どもの人権としての教育の保障，子どもの人権を通した教育の推進と捉え，一人一人がかけがえのない存在であると認識し，行動する力を形成するための教育を行うことが必要である。その上に立って，生命の尊さを学び，人権の大切さについて考えることが重要である。子どもたちが思いやりの心をもち，困難を克服し，逞しく生きていく力を身につけるためには，子どものたちの個性を積極的に受け止め，健康で感性豊かに生きる力を育て，自ら課題を持ち，その解決のために積極的に行動する力を育てることが必要である。これらの力の育成は，人権が普遍的文化として位置づけられる社会を実現する上で必須の条件であり重要な基盤である。そして，そこには人権尊重が貫かれた学校の諸活動が互いに有機的に関連し合い，子どもの人権を中核とした学校教育活動が創造されなければならない。すなわち，人権教育の営みは「学校教育の営み」そのものである。

3　人権教育の将来と課題

1　人権教育の任務

　「人権という普遍的文化」を発展させるという人権教育の任務にとって，人権表明についての批評を承認することは不可欠である。権利への飽きと権利への不信が存在する現代社会において，どちらも容易に取り除けるものではない。ウペンドラ・バクシ（イギリス Warwick 大学法学部教授）は，権利への飽きは人

権表明への爆発的な増加に対する反応であり，権利という言葉が，美徳，義務，責任，コミュニティなどのあらゆる他の道徳的な言葉にとって代わるということに疑義をさしはさむことである。個人の権利という自由主義的伝統が，社会の変容における特権的な使者であり得るのかどうかということを疑う倫理的な立場であるという。そして，権利への不信は今日のような形態の人権の伸長と保護の未来に関して，人権という言葉の際限のないプロパガンダにおける巨大な二重性，表裏を問うものである。例えば，人権に関する言説は，多元的であらねばならない。したがってあらゆる伝統に対して平等な尊厳を認めるべきである。しかしそれとは対照的に，この言説は現実的には「西欧的」であり，覇権主義的であると述べている。権利への飽きと不信のどちらも取り除くには，歴史的背景や対話を通じた対峙から学んだことの中で把握される必要がある。人権と人権教育が義侠的行為になってしまえば，自己満足しか導かない。

　人権教育は，つまるところ教育である。「教育」のその他の「形態」と同じように，「人格の全面的発達」に貢献すべきである。特に，人権と基本的自由の尊重を強化することによってこの目的に貢献する。「教育」として，人権教育は，どこにおいても人権文化を育むよう，社会の平和，安全，および発展に焦点を合わせることによって，全ての学習を各々の状況に合わせて組織しなければならない。こうした目的を達成することは現代社会においては困難性を極め，克服する方策を熟考するだけでも十分に価値がある。戦略の熟考こそが，将来に向けた人権教育の任務を同定する導入部である。

2　教育改革の中での人権教育

　1996年7月に出された第15期中央教育審議会第一次答申は，これまでの戦後教育を振り返りつつ，今後の教育の基本的枠組みを提示した。そこでは，子どもたちを取り巻く現状において，「ゆとりのない生活」「社会性の不足や倫理観の問題」「自立の遅れ」を指摘し，学校生活においても「いじめ」「登校拒否」「自殺」など憂慮すべき状態が発生していることを指摘した。そして，こうした子どもたちの現状の背景には，社会の変化や地域・家庭の状況の変化の影響

があり，学校教育が「知識偏重の教育」から脱却し，これからの「変化の激しい，先行き不透明な，厳しい時代」の中で，「自分で課題を見つけ，自ら学び，自ら考え，主体的に判断し，よりよく問題を解決する資質や能力」「自らを律しつつ，他人とともに協調し，他人を思いやる心や感動する心など豊かな人間性」「たくましく生きるための健康や体力」を含んだ「生きる力」を育成することを掲げた。同答申では，「人権」という言葉は用いられていないものの，主体的に生きる能力や資質，豊かな人間性といった概念をもった目指すべき子ども像は，まさに「人権を尊重して生きる子ども」であると読み取れる。

　今日の学校を取り巻く危機的状況を克服するには，学校観の転換が急務である。「生きる力」を育むことを主眼として進められている教育改革の現状は，「今までの学校観を越え出るものとは言い難い」とは志水宏吉（東京大学大学院教育学研究科助教授）の主張であり，教育改革に対する批判である。これまでの学校を支配していた「人権に対する配慮が少ない学校文化」から「人権の尊重を基盤とした学校文化」を創り出していくことで，「個が信頼され，尊重される学校」「違いが許容され，それが教育資源となる教室」が生み出される。そこに，人権教育を進めていく意義と重要性があると指摘し，「人権文化に満たされた学校づくり」を人権学習を通して具体化すること（八木英二『人権教育って何だ―国連人権教育10年行動計画』部落問題研究所，1997年）の重要性を主張している。

３　対話的な人権教育，「社会のルール」としての人権教育

　最近注目されている心の教育が，個々の「心のもちよう」に焦点をあてるのに対して，人権教育がまず焦点をあてるのは「社会のルール」である。その点において，人権教育と心の教育とは異なる。人権の論理は，たとえて言うなら「すべての人を好きになりましょう」という教育ではなく，「嫌いな人がいるのはやむをえない。その嫌いな人に対しても，最低限これだけは守りましょう」というものだと考える。当然，心の傷を癒すことや他者との関わりやつながりを大切にするという点では，両者に違いはない。しかし，心の傷を癒すために，

人権教育はカウンセリングだけでなく，社会的原因を探り，それを取り除くことも追求する。他者との関わりやつながりを大切にするうえで，対等な関係を豊かに結ぶ方策を培い，関係を育む制度やルールをつくろうとするのが人権教育である。

　道徳教育との関係においても，社会の規範に焦点を合わせるという点では違いはないにしても，規範に法律的基礎を求めるのが人権教育である。人権教育が焦点をあてる規範の土台には話し合いを経て成文化された法律がある。法律的な条文を土台に，幅広い価値観を出し合うことができ，その価値観も話し合いを経て吟味され発展していくのである。

　よって，学校におけるクラスでの話し合いによって合意を形成していく過程の経験や合意されたルール（約束やきまり）や内容に基づいて活動する経験そのものが，人権教育なのである。そこには，互いの尊厳を認めあい，対等な関係のもとに起こる対話が存在するのである。

4　話し合いと体験的な活動を通した人権学習

　これまでの同和問題学習や人権学習は，映画や講演，文章などで差別や人権侵害の厳しい状況を見せられ，「差別はいけない」「みんな仲よくしよう」「人権を大切に」というような感想を書き，差別否定の精神や人権尊重の態度を培う伝達教授型が多かった。今，展開されるべき学習は，クラスの子どもたちどうしが，体験的な活動や問題意識を明確にした話し合いを通して，さまざまな場面でさまざまな人と出会い，触れ合い，感性を高め，互いを磨き合う学習である。その具体的実践が，第5章4節に示した千本地域で展開されているさまざまな取組である。

　「人権教育は，普遍的なものから特殊なものに，抽象的なものから具体的なものに，グローバルなものからローカルなものに移転していかなければならない。学習者の日常生活に関連をもつ方法で行われ，そして，人権を抽象的規範の範囲からその社会的・経済的・文化的・政治的諸条件の現実に移していく手段と方法に関する対話へと，学習者が関わるものとしていくべきである」とす

る「国連人権教育の10年行動計画」の指導原則からすると，学校での人権教育は，これまでの人権の教授（人権について教えること）を中心として行われてきた実践からやっと一歩踏み出したところである。

　今後は，人権教育の想像力を対話的なものとして定式化することである。つまり，対話は何よりも尊厳が認められて対等な状況の下で起こり得る。対話的な人権教育の戦略は，「学習者」と「学識があるもの」の間の差異を創造的に融合する。そして，人権教育の対話的な相互行為は，社会的・経済的・文化的・政治的諸条件と未来の形成途上の歴史との対決でもある。人権教育はすべての教育と同様に，同時的にあらゆる学習レベルにおいて，グローバルで地域的で，国家的でローカル的であるのはもちろん，「学際的」であらねばならない。体験的な活動を進めながらも，そこに理論的背景を求めなければならない所以である。

（木原博之）

学習課題
- 同和教育と人権教育の関係について，考えをまとめてみよう。
- 「人権教育のための国連10年」をめぐる国内外の動きについてまとめてみよう。
- 現代社会における子どもを取り巻く状況を人権の視点からまとめてみよう。
- 学校現場で実践されている人権教育の様々な取組について調べてみよう。

お わ り に

　1999年に佛教大学教育学部で同和教育を担当するようになって，丸6年を終えようとしています。2年前の4月に，同和教育のテキストとして『まちづくりとしての同和教育──大学と地域の共育実践』を書き下ろしました。同和教育という講義ではありますが，僕の場合はまちづくりを中心に論じることから，テキストも教育というよりまちづくり仕様となっていました。

　このようなことから「次は教育を中心としたものにしよう」と考えていました。できれば，執筆はここ15年ほど僕と共に千本の学校づくりやセンター改革などに取り組んでいただいた先生方やゼミの卒業生と決めていました。今回，多くの方のお世話になりながら両方が実現したことになります。

　本書は1～5と9章が同和教育に関わる展開となっています。4章までは「同和教育の定義と40年に及ぶ歴史」について触れ，5章では実践を中心としたここ10年ほどの新しい取組を紹介しています。6章では部落史，7・8章は近代以降の部落解放運動と同和行政を中心とした展開となっています。今回は「被差別部落を含む学校の今後のあり方」にまで踏み込めませんでしたが，いずれ具体的な提案を含めたものを明らかにしたいと思っています。今後，小・中学校などの現場に立つ人，教育を学んでいる学生だけでなく，現在，現場で教育に関わっておられる先生方に読んでいただきたく，今回の発刊となりました。

　最後になりましたが，執筆いただいた先生方，編集にも関わっていただいた萩本善三・井川勝先生にお礼申し上げると共に，出版に際してたいへんお世話になった戸田隆之，堺由美子氏をはじめとするミネルヴァ書房のみなさんにお礼申し上げます。

2004年12月20日

後藤　直

資　料

①解　放　令

〔明治4（1871）年8月28日（新暦：1871年10月12日）付　太政官布告〕
　布　告
穢多非人等ノ稱被廢候條　自今身分職業共平民同様タルヘキ事
　　辛未八月　太政官
穢多非人ノ稱被廢候條　一般平民ニ編入シ身分職業共都テ同一ニ相成候様可取扱　尤地租其外除蠲ノ仕来モ有之候ハヽ引直見込取調大蔵省ヘ可伺出事
　　辛未八月　太政官

②水平社宣言・綱領・決議

〔創立大会1922年〕
　宣　言
　全国に散在する吾が特殊部落民よ団結せよ。
　長い間虐められて来た兄弟よ，過去半世紀間に種々なる方法と，多くの人々とによつてなされた吾等の為めの運動が，何等の有難い効果を齎らさなかつた事実は，夫等のすべてが吾々によつて，又他の人々によつて毎に人間を冒瀆されてゐた罰であつたのだ。そしてこれ等の人間を勦（いたわ）るかの如き運動は，かえつて多くの兄弟を堕落させた事を想へば，此際吾等の中より人間を尊敬する事によつて自ら解放せんとする者の集団運動を起せるは，寧ろ必然である。
　兄弟よ，吾々の祖先は自由，平等の渇仰者であり，実行者であつた。陋劣なる階級政策の犠牲者であり男らしき産業的殉教者であつたのだ。ケモノの皮剥ぐ報酬として，生々しき人間の皮を剥取られ，ケモノの心臓を裂く代価として，暖い人間の心臓を引裂

かれ，そこへ下らない嘲笑の唾まで吐きかけられた呪はれの夜の惡夢のうちにも，なほ誇り得る人間の血は，涸れずにあつた。そうだ，そして吾々は，この血を享けて人間が神にかわらうとする時代にあうたのだ。犧牲者がその烙印を投げ返す時が來たのだ。殉教者が，その荊冠を祝福される時が來たのだ。

　吾々がエタである事を誇り得る時が來たのだ。

　吾々は，かならず卑屈なる言葉と怯懦なる行爲によつて，祖先を辱しめ，人間を冒瀆してはならなぬ。そうして人の世の冷たさが，何（ど）んなに冷たいか，人間を勒（いた）はる事が何んであるかをよく知つてゐる吾々は，心から人生の熱と光を願求禮讚（がんぐらいさん）するものである。

　水平社は，かくして生れた。

　人の世に熱あれ，人間に光りあれ。

　大正11年3月

水平社

　綱　　領
一、特殊部落民は部落民自身の行動によつて絶対の解放を期す
一、吾々特殊部落民は絶対に経済の自由と職業の自由を社会に要求し以て獲得を期す
一、吾等は人間性の原理に覚醒し人類最高の完成に向つて突進す

　決　　議
一、吾々ニ対シ穢多及ヒ特殊部落民等ノ言行ニヨツテ侮辱ノ意志ヲ表示シタル時ハ徹底的糺弾ヲ爲ス。
一、全国水平社京都本部ニ於テ我等団結ノ統一ヲ図ル為メ月刊雑誌『水平』ヲ発行ス。
一、部落民ノ絶対多数ヲ門信徒トスル東西両本願寺ガ此際我々ノ運動ニ対シテ抱蔵スル赤裸々ナル意見ヲ聴取シ其ノ回答ニヨリ機宜ノ行動ヲトルコト。
　右決議ス

大正11年3月　全国水平社大会

③総合プロジェクト21　報告書（抜粋）

〔2000年5月〕
　　はじめに―総合プロジェクトチーム21設置の趣旨と目的―
　部落解放運動や同和施策の展開を通して，近代被差別部落を特徴づけていた総体的な

資料

貧困の状況は大きく改善された。これを受けて，一般市民の間では同和問題への関心が急速に薄れてきており，行政関係者にあってもハード事業の終結がすなわち「同和問題の完了」といった誤った認識がないとはいえない。一方解放運動においては，同和事業終了後の運動について，未だにその方向性を模索する状況が続いている。

しかし，1992年7月に出された「京都市部落実態調査中間報告書」も指摘しているように，この間の京都市内の部落では，若年層の地区外流出が急激に進んでいる。その結果，地区における運動の担い手の減少や，高齢者の増加といった現象が生じている。また，従来より指摘されてきた部落の子供たちの低学力実態は，所得の二極化等とも関連して新たな様相を示し始めている。

一方，市内の部落では，今後相次いで改良住宅の建替時期を迎える。これらをどのような方向で建替えるかは，今後の部落のまちづくりを大きく左右する。また，様々な意識調査にも表れているように，部落に対する差別意識は，現在もなお解消されてはいない。

こうした課題に対処しその方向性を探るために，「総合プロジェクトチーム21」は設置された。

1．これからの部落解放運動

【これまでの解放運動】

この間の部落解放運動は，差別との闘いと住民の生活改善を重ね合わせながら，それらを総合的に推進してきた。その中では，同和施策の獲得（住宅建設，雇用促進，税務対策）といった現実的な取り組みが，運動の大きな求心力になっていたことも否み難い。しかし，今後同和施策が終了していく中で，新たな運動の求心力が求められている。

【これからの課題　①建替】

改良住宅の老朽化や狭小化が進んでいる。これらの建替にあたっては，各地区で住民と行政が協力連携した計画づくりを目指す動きが始まっている。その意味でも，今後は住宅や地域の住環境のあり方について，住民が主体的に取り組み，方向性を出していくことが求められている。

【これからの課題　②地区施設の活用】

改良住宅と並んで整備された多様な地区施設についても，一般施策化の中で今後は周辺地域への開放や共同利用が進んでいく。その中で，これらの施設をどう活用し，地域社会との連携を深めていくかが改めて問われようとしている。

【これからの課題 ③地区の空洞化への対応】
　一方，若年層を中心とした人口の地区外流出は，地区内の高齢化に拍車をかけているだけでなく，地区における運動の担い手の減少や，取り残された低所得世帯における児童・生徒の低学力実態など，様々な側面で深刻な影響を及ぼしている。
【まちづくりを中心に据えた運動】
　これら建替，地区施設の活用，地区の空洞化は，いずれも早急かつ綿密な対応を要する課題であると同時に，「まちづくり」という一つの大きな課題として捉えることができる。すなわち，これらは各々別個の課題としてあるのではなく，まちづくりというテーマの中で相互に密接な関連性を持っており，総合的に取り組んでいくことができる。こうした意味で，部落解放運動においても，今後はまちづくりを中心に据えた運動を展開していく必要がある。
【地区外の部落住民との連携】
　地区の空洞化は，一方で地区外に住み地区外から解放運動に関わる部落住民の増加という現象を生んでいる。しかし，まちづくりへの取り組みにおいては，必ずしも地区に居住しているか否かよりも，むしろ活動を通してどれだけ地域に貢献していけるかが重要である。
　その意味で，今後は地区外に住む部落住民との連携を，より積極的に進めるとともに，地区外という位相からの部落問題への独自の取り組みを誘発していく必要がある。同時に一方では，空洞化しつつある地区内の運動を，まちづくりの中で再度立て直していく必要がある。そして，これら地区内と地区外の運動が呼応し相乗することによって，部落解放運動の新たな地平を作り出していく必要がある。

2．これからのまちづくり

【住民参加からパートナーシップへ】
　同和施策が終了しても，まちづくりに終わりはない。これからは行政依存を脱し，地域で自立して資源を見つけ，自らの手でまちづくりを継続していくことが求められる。そのためにも，要求型から企画型へ，さらに地域が自ら事業を担えるパートナーシップ型へと，まちづくりへの取り組みをレベルアップしていく必要がある。
【まちづくりの資源】
　自立したまちづくりを継続していくためには，活動を支える組織的経済的な資源を持つ必要がある。その視点で見ると，部落には公営住宅をはじめ隣保館，診療所，浴場，

体育館，福祉センター，学習センター，公園など，多彩な公共施設が充実している。また，市内の部落は都心部を取り囲むように立地している。こうした意味で部落は，京都市全体のまちづくりをリードしうる資源を備えている。

【地区の資源を活かした事業の展開】

　地区の公共施設を活用して，行政では対応が困難なニーズにきめ細かく対応する，多様な事業を展開することが考えられる。例えば，隣保館や診療所を活用した総合的な保健・医療・福祉事業には，地区内だけでなく周辺地域からも大きな需要が見込まれる。この他，人権教育の蓄積を活かした教材開発など教育関連事業，既存の公共住宅を活用したグループホームなどの住関連事業にも，大きな可能性がある。

【NPOを設立して事業主体とする】

　事業の運営主体として，各地区にNPO（民間非営利組織）を設立する。NPOの構成は地区毎の状況に応じて多様に考えられるが，事業の対象区域となる地域や学区に対して，主体的に責任を持った活動ができる体制を作る必要がある。

【町の魅力づくりと交流人口が活性化のポイント】

　事業を展開することによって，人の往来も活発になる。若年層の地区外流出が問題化して久しいが，単に定住やUターンを呼び掛けても若者は戻ってこない。また，単に若者が定住するだけでは町は活性化しない。

　住宅面などで多様な階層が住める条件づくりを進めると同時に，一方ではこうした事業の展開を通して魅力あるまちづくりを進め，交流人口の安定化を図ることによってこそ，町の活気を甦らせることができる。

【今後への課題】

　NPOを設立して事業を展開するためには，地域に人材が必要である。事業の中で実践的に人材育成を進める一方，不足する部分は外部から導入するなど，人材確保を図る必要がある。

　地域住民の意思が十分に反映されるよう，施設や事業の運営に地域住民が参加するなどの条件整備が必要である。そのためにも，地元が主体となって実験的な取り組みを行うなど，地域の主体的な力量を高めていく必要がある。

　各地区や市内各地域のまちづくりが相互に交流し，お互いの活動や経験に学ぶことによって，各地区や京都市全体のまちづくりを高めていくことができる。このため，例えば市協レベルに中核となるNPOを設置して各地区の活動を支援するとともに，各地区の経験の普遍化を図ることが考えられる。

```
┌─────────────────────────────────────────────┐
│ 行政依存ではなく，自ら事業を分担し自らの手でまちづ │
│ くりを継続する，パートナーシップ型のまちづくりへ    │
└─────────────────────────────────────────────┘
                       ↓
┌─────────────────────────────────────────────┐
│      活動を支える組織的経済的な資源が必要        │
└─────────────────────────────────────────────┘
              ↓                    ↓
    ┌──────────────┐    ┌──────────────────┐
    │ 充実した公共投資 │    │ 都心部を取り囲む立地 │
    └──────────────┘    └──────────────────┘
                       ↓
┌─────────────────────────────────────────────┐
│ 各地区にNPOを立ち上げて事業を展開する           │
│  ・保健・医療・福祉事業(総合的な健康福祉サービス) │
│  ・教育関連事業（人権教育の教材開発など）       │
│  ・住関連事業（グループホームなど）             │
└─────────────────────────────────────────────┘
                       ↓
┌─────────────────────────────────────────────┐
│ ・人の往来が活発になり交流人口が安定化する       │
│ ・地域に雇用が創出される                       │
│ ・まちに魅力と活気が生まれる                   │
│ ・魅力のある住み続けたいまちになる              │
└─────────────────────────────────────────────┘
```

3．まちづくり組織の考え方

【建替まちづくりのポイント】

　住民参加には，行政が一人一人の意見を聞く方法と，まちづくり協議会の方法がある。前者では行政が最終的なとりまとめを行うが，後者では住民側がまとめた計画案を基に協議が行われる。その意味で千本では，「じうん」という住民の意思を束ねられる組織，つまりまちづくり協議会的な組織があったことの意味が大きい。

　また，部落だけの特別扱いを求めず，公営住宅法などのルールに則って筋を通したこともポイントの一つである。今後，他地区や一般公営住宅などにこの手法の普遍化を図る上でも，この姿勢は重要である。

　さらに，既に決まった建替事業に協力する形ではなく，建替そのものの要否も含めて，地元が主体的に決定できる状態でスタートしたことも重要である。

【地元組織の重要性】

　今後こうした形のまちづくりができるか否かは，地域に住民を代表しうる組織が成立しているか，その組織が住民及び行政と信頼関係を結んで事業を運営していける力量を備えているか否かにかかっている。但し，まちづくり協議会が実質的に機能している例は，全国的に見ても非常に限られている。その意味でも，部落をはじめとした京都のまちづくりが，まちづくり協議会方式によって進むことには，大きな意義がある。

資　料

【これからの地域組織像　①自治会】
　地域のまちづくり組織が真に住民を代表する組織になるためにも，まずその基盤として，住民を網羅的に組織した自治会的な組織を再編する必要がある。全国的に見ると自治会の求心力の低下が著しいが，自己決定が困難な高齢者が多く住んでいる地域では，やはり自治会的な機能が不可欠である。

【これからの地域組織像　②まちづくり協議会】
　住民を代表し，行政と協力連携してまちづくり計画を策定し，かつそれを実施する組織として，まちづくり協議会が必要である。設立には，地域の住民組織を全て束ねる方法，公開公募で自由に参加する方法などがある。組織の主体や原動力は地元住民に根ざさないと長続きしないが，地区外に居住していても，町への強い思いを持ち問題意識を共有する層が関わることも重要である。
　まちづくり協議会の構成や対象とする地域の範囲は，課題に応じて色々なレベルを柔軟に考えることができる。例えば建替であれば基本的には改良住宅地区が対象範囲になるし，地区施設の有効活用であれば周辺地域にも広げた構成がより有効であろう。

【これからの地域組織像　③NPO】
　自治会やまちづくり協議会のベースの上に，具体的な事業を運営する組織として，福祉NPOやまちづくりNPOを構成する。地域に人材が不足している場合は外部からの導入を検討する必要があるが，地域に対して地域できちんとサービスが提供できる仕組みを作ることが重要である。

```
┌─────────────────────────────────┐
│ まちづくり組織に求められる条件            │
│ ・住民を代表し，住民の意思を束ねられること    │
│ ・行政及び住民と信頼関係を結び，事業を運営して │
│   行ける力量を備えていること              │
└─────────────────────────────────┘
                ↓
┌─────────────────────────────────┐
│ これからの地域組織像                     │
│ ①自治会（住民を網羅的に組織する）          │
│ ②まちづくり協議会（行政と協力連携して計画を  │
│   策定し，かつ実施する）                  │
│ ③NPO（具体的な事業を運営する）           │
└─────────────────────────────────┘
                ↓
┌─────────────────────────────────┐
│ ３つの組織が人的に重なることで，相互に密接かつ │
│ 有機的に連携する                         │
└─────────────────────────────────┘
```

【3つの組織が人的に重複していることが重要】
　以上の3つの組織は各々バラバラに存在するのではなく，密接かつ有機的に連携していることが望ましい。このため，各個人がなるべく自治会・まちづくり協議会・NPOに重複して参加し活動することが，組織相互の協調した活動には重要である。
【今後への課題】
　まちづくり協議会にせよNPOにせよ，部落だけの枠にとどまらず周辺地域との積極的な連携を視野に入れて構想する必要がある。但し，対象範囲を拡大することは，全体の中で部落の存在感が小さくなる危険もはらんでいる。その意味でも，経験の蓄積や人材の育成など，地区の主体的な力量を伸ばしていく努力が必要である。

4．保健・医療・福祉事業の展開
【利用者の視点で発想する】
　供給側の視点で発想すると，段取り優先の福祉に陥ってしまう。雇用の視点から発想すると，不経済かつ不必要なものになってしまう。あくまでもサービスの利用者の視点から事業を組み立てる必要がある。
　しかし，保健・医療・福祉に関するニーズはなかなか顕在化しない。このため，サービスを試験的に利用できる機会を提供することが重要である。
【地域に根ざして行う】
　保健・医療・福祉は生涯にわたって続いていく。従って利用者の生活を基本にする必要があるし，一人一人個別的でなければならない。そのためには，地域に根ざした活動が求められる。また，日常的な声かけや信頼関係の面から，サービスの提供者も，地縁的・心理的に「近い」場所にいることが望ましい。
【事業としての可能性】
　例えば単身の高齢者が多い地域であれば，そうした人達の日常生活の安定を担保できるサービスを提供することが考えられる。診療所，浴場，隣保館などの施設が使えて，社協や同盟のような組織のバックアップがある中で展開できれば，事業としても成立する可能性が大きい。
【事業主体としてのNPO】
　NPOは，社会福祉法人に比べて法人格が取得しやすいだけでなく，事業推進の上で様々な利点を持っている。すなわち，独立した責任主体であり持続的な活動の基盤となること，事業目的が明確にできること，活動や会計の公開原則によって運営がガラス張

資　料

りになること，収益の非分配ルールによって収益を次の事業に投資していけることなどである。
【事業対象地域】
　NPOの事業対象地域は，京都市の高齢者福祉の基礎単位となっている中学校区を基本に考えるべきである。そのためには，部落を基本に発想するのではなく，当初の段階から地域に視点を広げた事業計画を組み立てていく必要がある。
【地域社会への問題提起】
　地域に根ざした保健・医療・福祉事業を学区社協レベルで展開する際に，部落のある学区では基盤施設があるため非常に上手くいくことが明らかになれば，運動にとっても大きなプラスになる。
【今後への課題】
　公的介護保険の開始によって，保健・医療・福祉事業は一気に現実性を帯びるとともに，民間事業者等による市場の奪い合いも激しくなると予想される。このため，医療や福祉で既に行われている事業，行政において構想されているサービス，民間事業者の動向などの情報収集と分析を行い，早急に具体的な事業内面の検討を進める必要がある。

5．教育問題への取り組み

【なお解消されない低学力実態】
　70年代半ば以降の同和教育の取り組みは，学力向上を主眼に進められてきた。しかし，20年以上を経た今日でも，児童・生徒の学力の問題，特に中学校入学以降の落ち込みが，大きな課題になっている。
【所得の二極化や人口の地区外流出との密接な関連】
　児童・生徒の低学力実態と，部落における就労すなわち所得の二極化，及び人口の地区外流出とは密接に関連している。すなわち，地区外流出世帯には市関係職員など所得の安定した世帯が多いのに対して，地区内には生活保護世帯など経済的に不安定な世帯が目立つ。そして，低学力の児童・生徒の多くは，こうした経済的に不安定な世帯に集中している。
【施策が届かない層に問題が集中】
　低学力児童・生徒の家庭環境として，単親世帯，しかも親が非常に若い世帯が多いのも特徴であり，その大半は生活保護世帯である。これらの親世代は，自身も家庭教育の伝統の中で育っておらず，また現在の経済的状況からも子供の教育に積極的に関わる余

裕がないのが現状であろう。その意味で，親の啓発を通じた家庭教育力向上の取り組みは，こうした層に限っては大きな効果が期待できない。

しかも，センター学習など従来の施策は，成績上位層からはあてにされないと同時に，最も下位層には有効に作用しないものになってきている。

【取り組みの方向性】

部落には，日常的な人との出会いや運動との関わりを通して，学校ができなかった部分を地域や運動が育てていく面がある。従来それは運動の付加物としてしか考えられていなかったが，これを再度教育運動という視点で捉え直す必要がある。

一方，行政的な施策が通用しない層は，部落に限らず貧困の問題として存在する。これに対しては，貧困層に階層特化しないまちづくり，多様な階層が住めるまちづくりといった，まちづくりの中での対応を考えていく必要がある。

【運動課題として取り組む必要性】

同和教育をめぐる議論では，これまでは子供達の家庭環境にまで踏み込んだ議論はあまりされてこなかった。しかし，地区の実態は，もはや従来の行政的な施策では通用しない層に問題が集中していることを示している。このため今後は，解放運動として教育問題への取り組みを検討していく必要がある。

【子供達自身のために】

貧困や家庭環境が背景になっているとはいえ，この問題の最大の被害者は子供達自身

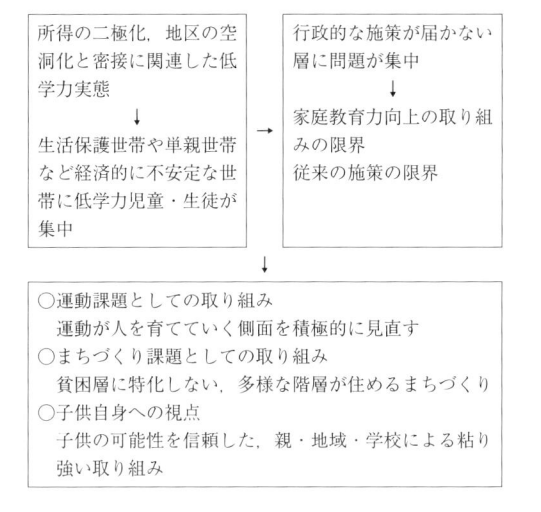

```
┌─────────────────────┐     ┌─────────────────────┐
│ 所得の二極化，地区の空 │     │ 行政的な施策が届かない │
│ 洞化と密接に関連した低 │     │ 層に問題が集中        │
│ 学力実態              │     │                      │
│        ↓             │  →  │ 家庭教育力向上の取り組 │
│ 生活保護世帯や単親世帯 │     │ みの限界              │
│ など経済的に不安定な世 │     │ 従来の施策の限界      │
│ 帯に低学力児童・生徒が │     │                      │
│ 集中                 │     │                      │
└─────────────────────┘     └─────────────────────┘
                    ↓
┌──────────────────────────────────────────────┐
│ ○運動課題としての取り組み                      │
│   運動が人を育てていく側面を積極的に見直す      │
│ ○まちづくり課題としての取り組み                │
│   貧困層に特化しない，多様な階層が住めるまちづくり│
│ ○子供自身への視点                             │
│   子供の可能性を信頼した，親・地域・学校による粘り│
│   強い取り組み                                │
└──────────────────────────────────────────────┘
```

である。しかし，どのような環境にあっても，子供は何かのきっかけで変わる可能性を持っている。このため，親・地域・学校で粘り強く対応策を探っていく必要がある。

6．啓発事業への取り組み

【啓発とは】

　啓発には狭義の啓発と広義の啓発がある。狭義の啓発は，啓発自体を目的とした定型的な学習活動を指すが，そこで語られることには限界がある。広義の啓発は，一緒に何かをすることを通して参加者の価値観や実践的態度が育成されるといった，いわば非定型的なものである。その意味で，啓発は広義で考える必要がある。

【行政啓発の現状と限界】

　行政によって行われている啓発事業は狭義の啓発，つまり定型的なものが中心である。現地見学や参加体験型など新しい試みも徐々に増えてはいるが，基本的には知識提供型の単発事業が中心であり，その効果には自ずと限界がある。

【広義の啓発としての市民集会とその課題】

　広義の啓発，つまり非定型的なものとしては，各地区で地域の住民が主体となった市民集会が行われている。

　しかし，これらの実行委員会の構成にはまだ不十分な点があり，今後さらに地域との連携を深めていく必要がある。こうした非定型的な啓発では，集会そのものよりも，集会を機会に地域の諸団体と一緒に活動すること，そのプロセスの方に大きな意義がある。

　また，集会のあり方も，同和問題への理解を求めるだけではなく，地域の人権問題の一つとして共に行動しようという問題提起型にしていく必要がある。

【住民による啓発の必要性】

　同和問題は非常に複雑な問題であり，啓発事業を考える際には実施主体の資質も重要となる。その意味でも，行政が制度に基づいて行う事業だけではなく，今後は各地域の住民や運動団体が，より積極的かつ主体的に啓発事業に取り組んでいく必要がある。

【資料館の課題】

　一方，恒常的な啓発として，資料館の役割が重要である。その意味で，柳原銀行記念資料館とツラッティ千本は，人的対応の部分も含めて非常に重要な役割を担っている。

　これを更に活用するためには，常設展だけで基本的な人権問題が理解できるよう，展示面の充実を図る必要がある。特に柳原銀行記念資料館には膨大な資料が収集されており，専門職員の配置などによって資料館本来のあり方を目指していく必要がある。

また，資料館が人権の輪を広げていく拠点となるよう，定常的に資料館を支える人の輪を作る活動を進めていく必要がある。

④ ～21世紀・人権文化の構築のために～
特別施策としての同和対策事業の終結とその後の取組

〔平成14年（2002年）1月　京都市〕

序章　はじめに

　本市は，21世紀の最初の四半世紀における京都のグランドビジョンとして，平成11年（1999年）12月に，「安らぎのあるくらし」と「華やぎのあるまち」を目指す京都市基本構想をまとめました。これは，「ひとりひとりが市民としての誇りと責任感とをもって市政に積極的に参加し，都市とそこに住む市民のくらしの設計をしなければならない。」との観点の下，市民の暮らしとまちづくりを市民の視点から描いたものです。

　そこでは，人権に対する市民の行動規範として，「すべてのひとが自分の居場所を確認し，自己の資質を十分に発揮しつつ，いきいきと活動できる場所と機会に恵まれたまち」を目指して，「いかなる差別もなく，ひとりひとりが個人として厚く尊重されることが考えや行動の基本となるまち，多様な考え方や生き方が迎え入れられ，それらの交流のなかからより豊かな人間関係が育まれるようなまちを，わたくしたち京都市民はつくっていく。」ことを明らかにしました。

　そして，平成13年（2001年）1月に，この基本構想の示す市民の暮らしとまちづくりの実現に向けて，平成22年（2010年）までに総合的かつ計画的に取り組むような政策を京都市基本計画としてまとめ上げました。

　この中において，「すべてのひとがいきいきとくらせるまち」をつくりあげていくことを目標の一つとして掲げ，「日々のくらしの中に人権を大切にし，尊重し合う習慣が根付いた「人権文化」を築いていくことにより，子どもも高齢者も，女性も男性も，障害のあるひともないひとも，また国籍や民族，生まれや生い立ちに関係なく，すべてのひとがいきいきとくらせるまち」を目指し，あらゆる人権問題の解決に向けた取組を進めていくこととしました。

　我が国固有の人権問題である同和問題については，本市としても，その解決に向けてこれまで長年にわたり取り組んできましたが，その取組と同和地区住民，関係団体等の

資　　料

努力とがあいまって，同和地区の住環境や住民の生活実態は大きく改善され，同和行政は大きな成果を挙げてきました。

　このことを踏まえ，本市では，地域改善対策特定事業に係る国の財政上の特別措置に関する法律（以下「地対財特法」といいます。）の期限である平成13年度（2001年度）末には特別施策としての同和対策事業を終結しますが，平成14年度（2002年度）以降においては，同和地区住民の主体的努力や市民の共感と理解を得ながら，京都市基本計画に基づき，広く市民を対象とする一般施策での取組を進めることにより，同和問題の早期解決を図っていきます。

　この資料は，人権文化を構築し，この21世紀を「人権の世紀」として確かなものとしていくため，同和問題の早期解決に向けた平成14年度（2002年度）以降の取組の在り方を取りまとめたものです。

第1章　今日までの本市同和行政の経過

　本市の同和対策事業は，大正8年（1919年）に，三条地区で地元所有の夜学校を借り受け，全国に先駆けて託児所を設置したことに始まります。昭和23年（1948年）には市長の諮問機関として京都市同和問題協議会を設け，翌年，「差別観念払拭について当面市が採るべき具体的方策如何」についての答申を受けました。昭和26年（1951年），本市職員によるオールロマンス事件を契機として，部落差別の実態とそれを放置してきた行政責任を認識する中で，昭和27年（1952年）に策定した「今後における同和施策運営要綱」により，同和問題の解決を市政の最重点課題の一つに位置付け，関係部局を網羅した行政執行体制を確立し，同和地区の住環境や住民の生活実態の改善に本格的に取り組むようになりました。

　また，国において，昭和40年（1965年）の同和対策審議会答申（以下「同対審答申」といいます。）により，「同和問題は人類普遍の原理である人間の自由と平等に関する問題であり，日本国憲法によって保障された基本的人権にかかわる課題である。」ことが明確にされるとともに，「その早急な解決こそ国の責務であり，同時に国民的課題である」と位置付けられました。これを受けて，昭和44年（1969年）に同和対策事業特別措置法（以下「特別措置法」といいます。）が制定されたことにより，法的，財政的裏付けの下に，事業を飛躍的に進展させることができるようになりました。本市では，この年に「京都市同和対策長期計画」を策定し，各種施策の基礎を確立し，事業の量的な拡大と質的な充実を図りました。

特別措置法の期限が3年間延長された昭和54年（1979年）には，それまで実施していた各種施策の実施状況を総点検し，同和行政をより総合的な観点から実施するため，「京都市同和対策各地区総合計画（案）」（以下「各地区総合計画（案）」といいます。）を策定し，昭和41年度（1966年度）に確立した同和行政の基本4施策に市民啓発活動を加えて，基本5施策とし，これを柱に事業の一層の推進に取り組みました。

基本5施策
　①新しい町づくりを目標とする環境の改善
　②「学力向上」を至上目標とする教育の充実
　③近代産業への雇用を促進するための職業安定対策
　④隣保館を拠点とする生活相談及び生活指導
　⑤人権擁護思想の普及，高揚を目標とする市民啓発活動の強化

　昭和62年（1987年）には，それまで実施してきた事業を総合的に点検し，各地区総合計画（案）を見直す中で，同和問題の解決に至るまでの基本的指針として「同和問題の解決をめざす京都市総合計画（案）」（以下「総計（案）」といいます。）を策定し，これに基づき各種の取組の積極的な推進に努めてきました。

　更に，平成5年（1993年）には，「今後における本市同和対策事業のあり方について」を取りまとめ，同和地区の住環境や住民の生活実態が大きく改善されてきたことを踏まえ，各種同和対策事業の今日時点における課題や施策運営上の問題点を明らかにする中で，市民の理解を得ながら，同和問題の解決にとって真に必要な施策を推進していくことが必要であるとの観点から，今後の同和行政の基本的方向を示し，これに基づき，平成7年（1995年）3月から政策料金（改良住宅等家賃，同和保育料等の改定などの見直しを進めてきました。

　一方，この間，国においては，特別措置法に基づく事業の中で必要なものを継承した地域改善対策特別措置法の制定（昭和57年（1982年）），地域改善対策の一般施策への円滑な移行のための最終法となる地対財特法の制定（昭和62年（1987年））等を経て，平成8年（1996年）に地域改善対策協議会から「同和問題の早期解決に向けた今後の方策の基本的な在り方について」意見具申（以下「地対協意見具申」といいます。）が出されました。その中で，「これまでの特別対策については，おおむねその目的を達成できる状況になったことから，現行法の期限である平成9年3月末をもって終了することとし，教育，就労，産業等のなお残された課題については，その解決のため，」「工夫を一般対策に加えつつ対応するという基本姿勢に立つべきである。」として特別施策の終了

資　　料

と今後の方策の基本的な在り方が提言されました。

　本市においても，平成8年（1996年）11月に京都市同和問題懇談会から，同和問題を巡る今日の諸状況に対する深い洞察力と的確な認識の下，「低位な実態の解消」や「格差の是正」という所期の目的を達成しつつあるという状況を踏まえ，将来を見据えた同和行政の基本的な方向を示した「今後における京都市同和行政の在り方について」の意見具申（以下「同懇意見具申」といいます。）を受けました。

　本市では，この同懇意見具申を同和行政の新たな地平を開く指針として位置付け，その理念と内容の具体化を図るため，平成9年度（1997年度）を同和行政の「改革元年」とし，人権問題の解決を共通の目標とする国内外の大きな動向の中で，市民の共感と理解の下に，今日的な同和行政を目指し，同和行政全般にわたり次の3つの側面から見直しを行うこととしました。

①　特別施策としての同和対策事業の見直しについて
②　同和行政の執行の在り方について
③　運動団体との関係の在り方について

　具体的には，同和対策事業の見直しについては，これまでの事業を点検し，平成14年度（2002年度）当初を目標に，総計（案）に基づく施設整備等が完了した事業及び施策がその目的を達成したため終息した事業については廃止するとともに，一般施策へ移行するなどの見直しを行っています。これまでの見直しの結果，平成8年度（1996年度）において実施していた62項目の同和対策事業について，平成13年度（2001年度）当初においては，54事業（約87％）の見直しを完了しており，残る事業についても，地対財特法の期限である平成13年度（2001年度）末には，終結することとしています。

　また，同和行政の執行の在り方については，人権尊重をあらゆる施策の基本理念とするとともに，人権にかかわる部局が一体性を持って組織的な取組を進めていくため，組織，人事配置，公務員倫理の確立と服務規律の徹底及び職員研修の在り方等について，いわゆる内なる改革として，「いのちと人権が大切にされるまちづくり」を取りまとめ，庁内に周知徹底を図り，その考え方に基づき，内なる改革の積極的な推進に取り組んでいます。

　更に，運動団体との関係の在り方については，同和問題の解決という共通の目標に向けて，互いの立場を尊重しつつ，対峙ではない，協力の関係を発展させるという認識を基本にすることとしました。このような認識の下，交渉は平成8年度（1996年度）以降は行っておらず，また，カンパについても平成10年度（1998年度）をもって廃止しまし

た。更には，京都市同和対策事業助成要綱に基づく助成金についても，交付額の段階的な縮減に取り組むなどの見直しを行い，平成13年度（2001年度）末をもって廃止することとしています。

以上のような本市同和行政全般にわたっての見直しを行う中で，

① 同和地区住民の自立に視点を置いた取組
② 周辺地域との交流と地域コミュニティの形成に視点を置いた取組
③ 市民と共に人権尊重のまちづくりを進めることに視点を置いた取組

を施策の基本的な枠組として，同和問題解決に向けた取組を進めているところです。

第2章　同和地区の現状と同和行政の成果

第1章で述べたように，本市では，同和問題の解決を市政の最重点課題の一つに位置付け，特別施策としての同和対策事業を積極的に推進してきました。

こうした本市の取組と同和地区住民，関係団体等の努力とがあいまって，今日では，同和地区の住環境や住民の生活実態は大きく改善され，様々な面で存在していた全市水準との格差も，一部を除いて，ほぼ是正され，おしなべて低位な実態は解消されています。また，市民の差別意識も着実に解消されてきています。

以下，今日の同和地区における人口等の現状とこれまでの特別施策を中心にした同和行政の成果を検証します。

1　同和地区における人口等の現状

本市同和地区の人口の状況は，京都市同和地区住民生活実態把握調査（以下「実態調査」といいます。）の結果によりますと，昭和45年（1970年）に約19,000人であったものが，平成13年（2001年）1月に実施した実態調査では約8,200人と，約30年の間に，半数を大きく割る（約43％）までに減少しました。平成5年（1993年）の人口約11,700人からでも，およそ30％の減少と急激な減少傾向にあります。また，世帯数についても，平成13年（2001年）においては約3,900世帯と，昭和45年（1970年）の約5,900世帯からは約34％の減少，平成5年（1993年）の約4,600世帯からは約15％の減少となっています。

人口を年齢構成から見ると，15歳未満の人口比率が少なくなっている傾向にある反面，65歳以上の高齢者の比率は，平成5年（1993年）には人口の約18％であったものが，平成13年（2001年）には約28％と急激に増加してきています。これは，本市全体の高齢者人口の占める割合が約18％であるのと比べると，極めて高い状況にあります。高齢者が構成する世帯では，高齢者のみの世帯や単身高齢者による世帯が目立って増加してきて

います。
　人口及び世帯数の減少や高齢化の急激な進展は，都市部の社会現象としての人口の減少という側面もありますが，若年層及び壮年層の地区外への転出，すなわち，より広がりのある職業分野に進出し仕事の安定が図られることによって経済状況が安定した層や，市関係職員を中心とする所得の安定した層が，住宅を取得することなどにより，地区外に転出したことが大きな要因となっているとも考えられます。このことは，「平成4年以降に世帯の中で地区外に転出した方」の主な理由は，結婚（約29％），住宅取得（約27％）という平成13年（2001年）の実態調査の結果からもうかがえます。
　一方，世帯の年収については，全体として大きな高まりを見せ，年収500万円以上の世帯の割合を見ると，平成3年（1991年）の実態調査時においては約45％と，全市の約46％（平成4年就業構造基本調査の結果）と比肩するような状況となりました。しかしながら，平成13年（2001年）の実態調査時においては約27％と，近年，大幅な減少傾向にあります（全市は平成9年就業構造基本調査によると約42％と，この間ほぼ横ばいとなっています。）。
　その理由としては，世帯の中に「市関係職員がいる」とした世帯が平成3年（1991年）では1,252世帯であったのが，平成13年（2001年）では661世帯とほぼ半減していることからもうかがえるように，市関係職員など所得の安定した層が地区外へ転出したことが大きな要因であると考えられます。また，家計の主な収入が「恩給・年金」である世帯の割合を見ると，平成3年（1991年）の実態調査では約13％であったのが，平成13年（2001年）では約33％と急増し，高齢化に伴って，年金生活者が増加してきているのもその要因として考えられます。

2　同和行政の成果

(1)　住環境

　同和地区の著しく低位な住環境を改善し，住民が健康で文化的な生活を営むことができるよう，10の地区において住宅地区改良法等を適用し，住宅の建設や，道路，排水路，上下水道，公園，河川等の環境改善事業に取り組んできました。
　その結果，基本的には同和地区のかつての劣悪な住環境は，大きく改善され，おしなべて低位な実態は解消されています。

(2)　教育

　教育の機会均等を保障し，学力の向上と希望する進路の実現を図るための今日までの同和地区の乳幼児から児童生徒への一貫した長年の取組により，教育保障は格段に進ん

でいます。かつての同和地区の教育実態を象徴していた「不就学」は姿を消し，乳幼児を取り巻く保育環境の改善によって，発達段階に応じた基礎的な能力の発達向上が図られました。児童，生徒の学力及び進路の実態は大きく改善され，高校進学率は全市とほぼ格差のない状況となっており，大学進学率についても大きく向上しています。

(3) 就労

進学率の向上等に見られるような各種の教育保障施策の成果や，企業等に対する公正な採用選考の働き掛け，同和地区住民に対する就労相談や職業補導事業，更には，地区内企業の育成を図るための取組など，就労保障，職業の安定を目的とした様々な取組とがあいまって，住民の就労状況は，若年層を中心に幅広い分野への進出が見られるようになってきました。

(4) 隣保館を拠点とする各種施策

隣保館等の各種の地区施設を設置し，生活相談をはじめ，青少年，高齢者，女性等を対象とした事業，文化・スポーツ活動や保健予防対策などの各種事業を実施する中で，同和地区住民の生活の安定・向上と，「自らできることは自らが行う」という自立意識の高揚が図られてきました。

その結果，隣保館に寄せられる相談は，高齢者からの相談や就労に関する相談等について，一次的な支援をなお必要とするケースが見られるものの，施策や窓口に関する問合せ，住宅や駐車場等に関する要望等が多くを占めるようになるなど，住民の生活の安定・向上や社会経済状況の変化を反映して多様化してきています。

(5) 市民意識

同和問題をはじめとする人権問題の解決を目指し，広く市民の理解と協力を得るための取組として，広報媒体や各種の講演会，イベント等による啓発を行ってきました。

また，周辺地域の住民との交流についても，周辺地域を含む住民全体の活動を支援する観点から，隣保館等の地区施設における各種事業の見直し及び再編を行ってきた結果，事業への参加や運営への参画などの面で，多くの住民がかかわり，周辺住民との交流が広がりつつあります。

また，運動団体との関係の在り方の見直しとともに，長年にわたって続けてきた同和対策事業の見直しが進み，市民の中に存在した特別施策への不平等感などは解消されつつあります。

このようなことから，同和問題に対する市民の理解と認識が深まり，差別意識は着実に解消されつつあると言えます。

資　料

第3章　同和問題が解決された姿と残された課題

1　同和問題に関する基本認識

　第2章で述べたとおり，特別施策を中心にした同和行政は，大きな成果を挙げてきましたがなお，課題が残されています。その課題を解決するための取組を的確に実施し，早期解決につなげていくためには，「同和問題が解決された姿」をどのようにとらえるのかを明確にしておかなければなりませんが，その前提として，同和問題に関する基本認識について，ここで改めて確認しておきます。

　昭和40年（1965年）の同対審答申の前文において，「同和問題は人類普遍の原理である人間の自由と平等に関する問題であり，日本国憲法によって保障された基本的人権にかかわる課題である。」とし，「平等なる日本国民としての生活が確保されること」の重要性が述べられています。

　そして本文において，「いわゆる同和問題とは，日本社会の歴史的発展の過程において形成された身分階層構造に基づく差別により，日本国民の一部の集団が経済的・社会的・文化的に低位の状態におかれ，現代社会においても，なおいちじるしく基本的人権を侵害され，とくに，近代社会の原理として何人にも保障されている市民的権利と自由を完全に保障されていないという，もっとも深刻にして重大な社会問題である。」としています。

　また，部落差別を心理的差別と実態的差別とに分け，「心理的差別とは，人々の観念や意識のうちに潜在する差別」であり，「言語や文字や行為を媒体として顕在化する。」とし，「実態的差別とは，同和地区住民の生活実態に具現されている差別」としてとらえ，これらは，「相互に因果関係を保ち相互に作用しあっている。すなわち，心理的差別が原因となって実態的差別をつくり，反面では実態的差別が原因となって心理的差別を助長するという具合である。そして，この相関関係が差別を再生産する悪循環をくりかえすわけである。」と心理的差別と実態的差別の相関関係について述べています。

　更には，「部落差別とは，ひとくちにいえば，市民的権利，自由の侵害にほかならない。市民的権利，自由とは，職業選択の自由，教育の機会均等を保障される権利，居住および移転の自由，結婚の自由などであり，これらの権利と自由が同和地区住民にたいしては完全に保障されていないことが差別なのである。」とし，そのうえで，「同和地区住民に就職教育の機会均等を完全に保障し，同地区に滞留する停滞的過剰人口を近代的な主要産業の生産過程に導入することにより生活の安定と地位の向上をはかることが，

同和問題解決の中心的課題である。」と位置付けています。

　言うまでもなく，本市は，同和問題に関する基本認識を，同対審答申と同じくしてきました。すなわち，同和地区の低位な住環境や住民の生活実態と市民の差別意識とがあいまって，日本国憲法によって保障された市民的権利と自由が保障されていない住民の生活の安定と地位の向上を図ることが，中心的課題であるととらえてきました。

２　同和問題が解決された姿

　以上のような同和問題に関する基本認識を踏まえると，「同和問題が解決された姿」は，次のように描くことができます。

(1)　差別することが許されない社会の構築

　日常の社会生活において，結婚をはじめとする交際，人間関係の維持，継続などのうえで，同和地区出身ということをもって，差別することが許されない社会となっていること。

(2)　実態面における全市水準との格差の解消

　ア　同和地区住民が，社会の発展に相応して，自らの意思で能力を高め，その能力を発揮し，本人の能力と適性に応じて，多様な職業分野に進出することにより，生活の安定と地位の向上が図られていること。

　イ　同和地区の住環境が劣悪な状況でなく，住宅，道路，排水路，上下水道，公園，福祉施設等整備され，健康で文化的な生活を営むための生活基盤が確保されていること。

３　同和問題を解決するうえで残された課題

　同和問題に関する基本認識及び同和問題が解決された姿にかんがみ，第２章で述べた同和地区の現状と同和行政の成果を踏まえると，今なお完全には解決されずに残されている課題，すなわち，同和問題を解決するうえで残された課題があります。

　残された課題は，以下のとおりです。

(1)　市民意識

　市民の人権問題に関する意識はかなり高まってきたとはいえ，現実には結婚や就職に際して同和地区出身者との関係を避けようとする差別につながるおそれのある身元調査，差別落書き，インターネット上の掲示板等への差別表示の掲載など，深刻な人権侵害につながる陰湿な行為が後を断たない状況があります。これらの状況から，同和地区出身者や同和地区に対する偏見や差別意識は，未だなお社会の中に残存しており，差別することが許されない社会が構築されているとは言えない状況にあります。

(2)　教育

同和地区児童，生徒の学力実態は，高校進学率が全市とほぼ格差のない状況となるなど，過去のおしなべて低位な実態が大きく改善されてきたとはいうものの，乳幼児段階での情緒，言語あるいは社会性の面で，課題を持つ事例が見受けられ，また，義務教育段階では，基本的な学力が十分に身に着けられていない児童，生徒が多いことや，高校進学の内容，高校中退率及び大学進学率の格差などの課題が残されています。更には，ひとり親家庭，経済的支援を受けざるを得ない家庭等，厳しい状況に置かれている家庭もあり，児童，生徒の教育に大きく影響しています。

(3) 崇仁地区における環境改善

　同和地区のかつての劣悪な住環境は，大きく改善され，低位な実態は解消されたとはいうものの，市内最大の同和地区である崇仁地区における住環境整備事業については，改良地区に指定された5ブロックのうち，南部地区等は，一定の事業が完了していますが，北部（第3，第4）地区では，事業の進捗に著しい遅れがあります。

第4章　同和行政の終結と人権行政の推進

1　特別施策としての同和対策事業の終結～同和行政の終結

　特別施策としての同和対策事業は，同和問題解決の重要性と緊急性から，施策対象を同和地区又は同和地区住民に限定し，一般施策を補完する特別措置として実施してきたものであり，特別措置を必要としない状態の実現を目指して実施してきたものです。したがって，特別施策は，本来時限的なものであり，事業の進捗と施策対象の諸実態の改善に応じて，段階的に終息に向かうべきものです。

　また，同和地区の住環境や住民の生活実態が改善されているにもかかわらず，その諸実態の変化に即した適切な対応がされないまま事業が継続されることは，住民の自立意識の高揚を妨げ，行政依存の傾向を生み出すことにもつながりかねません。

　更には，同対審答申が指摘した実態的差別が心理的差別を助長する状況ではなくなっているにもかかわらず，特別施策を継続させることは，いわゆるねたみ意識を生み，差別意識を助長することにもなりかねず，同和問題の解決に有効とは考えられないと言えます。

　この点，本市では，特別施策を中心にした同和行政の結果，かつてのおしなべて低位な実態が大きく改善されてきた一方で，同和地区住民の行政依存の傾向を生み出してきたことは否めません。

　以上のことから，本市では，同懇意見具申を踏まえ，平成9年度（1997年度）から，

平成14年度（2002年度）当初を目標に，廃止，一般施策への移行など特別施策の見直しを進めてきており，地対財特法が失効し，財政的な面においても特別施策を継続する根拠のなくなる平成13年度（2001年度）末をもって特別施策としての同和対策事業，すなわち，同和行政を終結します。

2　一般施策を実施するに当たっての着眼点

特別施策とは，同和地区又は同和地区住民に対象を限定して実施する施策をいいます。

なお，差別意識の解消を目的とした啓発事業は，広く市民を対象とするものですが，様々な差別の中でも，部落差別が特に深刻で根深く，緊急かつ重点的に取り組む必要があったため，かつては，特別施策として実施していました。

これに対して，一般施策とは，同和地区又は同和地区住民に対象を限定しない施策をいいます。「広く市民を対象とする」とは，このような意味です。

平成14年度（2002年度）以降において，すべての施策を一般施策として実施するということは，当然，特別施策を実施しないということであり，属地属人方式（施策対象者を同和地区内（属地）に従前から居住する同和関係者（属人）に限定するという施策対象者の決定方式をいいます。）により施策対象者を限定する必要もなくなり，同和地区指定の意義そのものがなくなることになります。したがって，特別施策を終結する平成13年度（2001年度）末をもって，いわゆる同和地区の指定が解消されることとなります。

一般施策を以上のような意味でとらえると，平成14年度（2002年度）以降は，施策対象を同和地区又は同和地区住民に限定することなく，住民一人一人の置かれている状況を踏まえた課題に焦点を当てることにより，個々のニーズに応じて施策を実施し，同和問題を解決するうえで残された課題の解決を図っていくことになります。

また，行政の責務と市民の役割を踏まえる中で，市民とのパートナーシップの下，個々のニーズを的確に把握し，限られた行政資源の最大有効活用を図ることにより，必要かつ的確な施策を実施していかなければなりません。

更に，同和問題を解決するうえで残された課題の解決に当たっては，地対協意見具申の「なお残された課題については，その解決のため」「工夫を一般対策に加えつつ対応するという基本姿勢に立つべきである」「特別対策の終了，すなわち一般対策への移行が，同和問題の早期解決を目指す取組みの放棄を意味するものではない」や，同懇意見具申の「特別措置としての同和対策事業の終結が，今後における同和問題の解決のために必要な行政の取組を否定するものではない」，「同和問題の一日も早い解決のために実効ある積極的な取組が行われることを強く要請する」という認識を市政に携わる者一人

一人が持つことが不可欠です。
 3　人権行政の推進
　市民一人一人の尊厳が大切にされるとともに，個人の自由な生き方が尊重され，平等に参加できる社会をつくることが市民生活の理想であり，行政の基本課題であるとの観点から，京都市基本計画において，「人権文化」の構築を市政の重要な柱に位置付けています。
　本市は，このような京都市基本計画の趣旨に則り，同和問題を人権問題の一つとして位置付けたうえで，それぞれの部局が主体的に，それぞれの課題を的確に把握しつつ，その解決に向けて，創意工夫を凝らした有効な取組を展開し，市政の各般を通じて，市民の暮らしの中に人権を尊重する考え方を根付かせ，一人一人がお互いを認め合い，支え合い，共に生きる「人権文化」の息づくまちづくりに向けて，人権行政を展開していきます。
　人権行政とは，行政があらゆる施策を進めるに当たって，日常業務はもとよりすべての施策の企画から実施に至る過程を通じて，つまり行政運営そのものを「人権尊重の視点」から推進していくことです。
　また，人権行政を推進していくためには，人権尊重をあらゆる施策の基本理念とするとともに，人権行政の担い手となる職員の育成，意識改革等が重要であり，今後も，それらの取組の積極的な推進に努めます。
　本市は，このような観点に立って，人権行政を推進していく中で，同和問題を解決するうえで残された課題の解決に取り組み，同和問題の早期解決を目指します。
 4　運動団体との関係の在り方
　本市が多数の市民団体と協力関係にある中で，同和問題の早期解決を図っていく際に，運動団体にだけ特別の対応を行うのでは，市民の共感的理解が得られません。この点，本市と運動団体との関係の在り方については，平成9年（1997年）4月23日付け文同管第14号「同和行政の改革を進めるに当たって（依命通達）」に述べられているように，同和問題の解決という共通の目的に向けて，お互いの立場の違いを尊重しつつ，対峙ではない，協力の関係を発展させるという認識が基本となっています。
　今後も，運動団体への対応は，行政と運動団体が相互に依存することのない健全な関係を確立し，市民とのパートナーシップの下，同和問題懇談会意見具申でも指摘されているように，「議会や市民からいささかなりとも疑念を持たれることのないよう」主体性を持って対応していきます。

第5章　特別施策としての同和対策事業終結後の取組の概要

1　同和問題の早期解決に向けた取組の概要

　第3章で述べた同和問題を解決するうえで残された課題が解決した状態こそが，同和問題が解決された姿に到達した状態，すなわち同和問題が解決した状態と言えます。残された課題を解決するため，第4章で述べた一般施策を実施するに当たっての着眼点と人権行政を行うに当たっての基本的姿勢とを踏まえて，必要な施策を講じていきます。残された課題を解決するための取組の概要は，以下のとおりです。

(1)　差別することが許されない社会の構築に向けた取組

　人権文化を築いていくという京都市基本計画の趣旨に則り，同和問題を人権問題の重要な柱の一つとして，市民の同和問題に対する正しい理解と認識を深めるため，市民，保護者及び企業を対象に，講演会や研修会の開催，広報媒体の活用など，多様な手法を用いながら全庁的な取組として進めていきます。

　また，同和問題の解決のためには，行政の役割のみならず市民の役割も不可欠です。このため，市民が主体的に人権文化の構築を目指した役割を担っていけるよう，自らが人権問題に気付き，考え，行動するために，地域，学校，企業など，市民がかかわる様々な場面において，人権問題の解決に向けた自主的な取組が進められるよう，条件整備を行うことが行政の大切な役割です。

　更に，隣保館等で行っている各種の事業や施設の利用については，同和地区住民と周辺の住民との交流によるものが拡大してきており，これを一層広げるための取組を進めます。

(2)　教育の課題の解決に向けた取組

　学校教育においては，残された課題の解決に向けて，同和地区児童，生徒一人一人の学力を向上させ，進路の保障を図り，このことを通じて社会の様々な分野への進出ができるように取り組むとともに，すべての児童，生徒に同和問題をはじめとする人権問題解決への実践的態度を育成することを目指し，引き続き，人権教育の重要な柱の一つとして同和教育を推進していきます。

　そのためには，今後，すべての児童，生徒の個性と能力の伸長を図る中で，同和地区児童，生徒の主体的努力を引き出し，自己実現に向け，自立を支援していくことが必要です。これまで，同和教育事業の見直しを行ってきた中で，基本的な学力については，学校で，かつ可能な限り普通授業で保障するとともに，地区内外の児童，生徒の積極的

な交流が図られるよう，学習センター事業や学校での経験，体験の拡充を目指すチャレンジ事業等を展開してきたところです。

今後においては，授業と家庭学習を連動させ，すべての児童，生徒自らが，学習に対する意欲，関心を高め，より高い将来展望を持って，主体的に学習する態度の育成を図るとともに，とりわけ課題のある児童，生徒に対しては，個々の児童，生徒の置かれている状況や課題に照らした直接的なかかわりや，保護者との連携を密にしていきます。

また，家庭の教育力については，特別の支えを必要としない状況を作り出していくことが重要であり，家庭の果たす役割や子どもへのかかわり方を明確にし，学習や進路決定のための条件を整えていけるように働き掛けていきます。

なお，経済的側面からの支援策である進路支援事業については，現行制度の抜本的な見直しを行ったうえで，5年間に限っての一般施策への移行措置を設けます。

保育所においては，一人一人の子どもが健康で情緒の安定した生活を送ることができる環境を用意することにより，家庭での成長とともに，人に対する愛情，自尊感情や信頼感，自主性，協調の態度や社会性の芽生えを培うことに留意します。

そのうえで，「保育所保育指針」の目標に掲げる「人権を大切にする心を育てる」保育を更に推進し，家庭支援を基に，家庭や地域社会との連携を密にして，地域の子育て支援の拠点としての役割を果たしていくための取組を進めていきます。

(3) 事業の早期完了を目指す崇仁地区における取組

地元まちづくり組織とのパートナーシップの下，「京都市崇仁まちづくり計画」に基づき，改良住宅の建設や不良住宅の除却を進めるとともに，地区施設の整備等を推進し，事業の早期完了を目指します。

2　より住み良いまちづくりに向けて

同和問題を解決するうえで残された課題とは別に，以下に掲げるように，現代社会が抱える課題そのものであって，それが同和地区において顕著に表れている課題があります。

これらは，特別施策の実施に伴う生活実態や住環境の急激な変化の過程で生じ，又は現代の社会水準の高まりにより生じた課題であり，特別施策を開始した頃には想定していなかったものです。これらの課題を放置すると，これまでの特別施策を中心にした同和行政の成果が損なわれるような事態を生じかねません。したがって，市民生活の中に存在する課題として取り組むべきものです。そこで，第4章で述べた一般施策を実施するに当たっての着眼点と人権行政を行うに当たっての基本的姿勢とを踏まえて，必要に

応じて広く市民を対象とする一般施策を講じていきます。
(1) 生活実態

　同和地区住民の自立意識の面では，特別施策を長年にわたり実施してきた過程で，見直しを十分に行わずに一律的，画一的に実施してきた側面もあり，結果的には，行政依存の傾向を生み出してきたことは否めません。

　また，最近の傾向として，全体的に低所得化が進み，所得の低い層では，生活保護によって生計を維持しているというのが現状です。

　一方，地区内の企業（商店）などのほとんどは，小規模で零細であることから，厳しい経営環境に置かれています。

　更に，近年，若年層及び壮年層の地区外への転出により人口が急激に減少するとともに，高齢化が急激に進展しており，これが大きな要因となって，同和地区にかつて見られたお互いが触れ合い，支え合うという意識，いわゆる地域コミュニティの機能が著しく低下してきています。

　これらの課題に対しては，自立に向けた住民の主体的な取組に対する適切な支援を行うという観点からの取組，多様な世代が快適に安心して「住み続けられるまち」の実現を目指した取組，地域の福祉や生涯学習の取組，交流と地域コミュニティの振興を目指した取組を推進し，その解決を図ります。

　具体的には，次のとおりです。

　ア　地域の育児力の向上と子育て家庭の支援のための「地域子育て支援拡充事業」など，多様化する地域の保育需要に対応した事業の展開及び保護者活動の活性化

　イ　保育所の周辺入所について，周辺入所の要件の廃止（平成13年度（2001年度）末）による一層の交流の促進

　ウ　学習センターについて，児童，生徒の積極的な交流の場や自主的利用の場など，地域に開かれた「教育センター」としての活用

　エ　中小企業支援センターによる地区内の企業に対する経営，金融両面からの総合的な支援

　オ　「人権文化の息づくまちづくりを進めるための市民の交流と地域コミュニティ活動の振興」を目的とした隣保館のコミュニティセンターへの移行

　カ　保健・医療・福祉のネットワークの構築（小学校区単位）による在宅高齢者等の日常生活を支える体制の確立

　キ　保健所分室の保健婦の常駐体制から，保健所を拠点とする地域保健体制への移行

と分室等を活用した地域保健活動の展開
　ク　改良住宅等における一般公募の実施（一定の移行期間を設けたうえで，条件整備のできた地区から，順次実施）
(2)　住環境
　昭和27年（1952年）に改良住宅等を建設して以来，同和地区の環境改善を主要目的とした長年にわたる事業経過の中で，改良住宅等の狭小・老朽化・居住水準の相対的低下，入居者の高齢化への対応，駐車対策等が課題となっています。
　これらの課題に対しては，住民と行政とのパートナーシップの考え方に基づき，相互の理解と協力の下，改良住宅等の建替えや改善の取組などを通して，住み続けられるまち，魅力あるまちを創出し，将来にわたり地域コミュニティや地域活力が維持できる自立的なまちの形成を図っていくことが重要です。このため，「パートナーシップによる住環境整備指針」に基づき，住民の自立支援の視点を大切にしながら，周辺地域と調和のとれた住環境の整備と維持管理のための取組を実施していきます。
　具体的には，次のとおりです。
　ア　改良住宅等の狭小，老朽化等に対応する計画的，総合的な建替え，改善による住宅の良質ストック化
　イ　事業推進における住民と行政をつなぐ機関としてのすまい・まちづくり活動組織の設立や運営の支援
　ウ　住民のニーズに対応する定期借地権を活用した住宅などの多様な住宅供給の促進
　エ　駐車スペースに対する可能な範囲での改良住宅等の敷地活用及び住民による自主的な管理運営体制の確立

以上

索　引

あ　行

アイアイハウス　*43*
青屋　*119*
空き地ワークショップ　*52-54, 57*
悪所　*123*
旭丘中学校　*39*
アファーマティブアクション　*181*
安倍晴明　*112*
あるべき姿　*27, 28*
郁文中学校　*86*
石川一雄　*159, 160*
泉野利喜蔵　*140*
出雲阿国　*122*
一誠会　*140*
犬神人　*111, 119*
異民族起源論　*120*
上田音市　*140*
えせ同和行為　*165*
穢多（エタ）　*112-114, 119-124, 128, 129*
穢多・非人　*123, 124*
　　——の起源　*120*
越境入学反対の闘争　*163*
餌取　*112*
延喜式　*109, 110*
大江卓　*129, 138*
オールロマンス差別事件糾弾要項　*14*
オールロマンス事件　*151*
隠亡　*118*
陰陽師（声聞師）　*112*
陰陽道　*112, 119*

か　行

『解放』　*141*
解放令　*127*
解放令反対一揆　*131*
改良住宅　*13, 31*
格差の是正　*40*
学習施設　*17*
学習センター　*5, 19, 23, 39, 42, 47, 57*
　　——（現学習施設）　*20*
　　——の将来展望プロジェクト（Gプロ）　*34*
春日社　*111*
カタイ　*108*
学校指導の重点　*4*
学校における人権教育をすすめるにあたって　*189*
鉦叩　*116*
嘉楽中学校　*21, 39, 45, 47*
かわた　*119*
河原〈人〉　*113*
河原者　*113*
観阿弥　*116*
貴　*104*
『紀伊毎日新聞』　*140*
祇園会　*116*
祇園社　*110, 111, 119*
　　——の祭礼　*111*
魏志倭人伝　*108*
基礎学力定着対策（責任指導体制）　*23*
北研　*37*
きたけん　*62-64*
北野神社　*114*
北村電三郎　*136*
喫宍穢　*109*
旧穢多　*130*
糾弾　*161*
　　——闘争　*145*
教育権　*2, 7*
教育闘争　*156, 159*
教育の機会均等　*7, 18*
教科書無償化　*157*
　　——の運動　*156*
京都インターナショナルスクール　*71*
共同利用　*35, 40*
京都市研究集会　*37*
京都市同和地区生活実態調査　*13*
京都市同和問題懇談会意見具申　*33, 53*
京都市不良住宅対策委員会　*168*
京都市障害児福祉協会　*43*

京都朝鮮第三初級学校　43, 63-71
　　第一初級学校　71
　　第二初級学校　71
京都府舞鶴朝鮮初中級学校　71
京都ライトハウス　43, 62
供奉の願書　128
清水坂　110
　　――宿　119
　　――非人　110, 111, 114
清目（キヨメ・きよめ）　112, 113, 116
　　――屋敷　114
近世の非人　121
近世被差別民　121
禁中川原者　115
錦林　31
空洞化　28, 29
傀儡　117, 121
車善七　122
荊冠旗　142
鶏鳴会　137
化外の民　105
穢れ　108
　　――意識　107, 108, 135
　　――観　131
　　――除去　109, 110
下人　110
検非違使　109
検地帳　119
庚寅年籍　104
高校奨学金　19
高校生学習会　19, 39
庚午年籍　104
『公道』　138
興福寺　111
乞胸乞食　122
国際人権規約　178, 182
国策樹立運動　151, 153-155
国連人権教育の10年　183, 184, 188, 189
五色の賤　104
個人選択制習熟度別分割授業　22, 45, 46, 48-52
乞食　106
子どもの権利条約　182, 184
小法師　115

　　――役　115, 128, 137
駒井喜作　141
米騒動　139
雇用促進　28, 29

さ　行

罪穢　110
細工（人）　118
西光万吉　140, 141
坂の者　110
阪本清一郎　140, 141, 144
桜田規矩三　144
桜田儀兵衛　135
ささら　117, 120
雑戸　104, 105
佐野学　141
狭山事件　158-160
猿楽　116, 118, 121
猿曳き　117
産穢　109
三協社　140
散所　110
　　――人　111, 112
　　――法師　112
三条地区　31
山水河原者　115
死穢　109
識字学級　19
自己実現　6
失火穢　109
実践的態度　6
実態的差別　157
指導の重点　39-41
『東雲新聞』　136
シベリア出兵　138
住環境改善事業　38
就職・進学支度金　17
住宅地区改良事業区域　31
自由民権運動　136
宿　110, 111, 113
宿（夙）の者　122
主体的条件　27, 46
上伸下厚　22, 40

索　引

上品蓮台寺　114
浄福寺　137
声聞師（唱門師）　112
所従　110
女性差別撤廃条約　182, 184
自立の促進　22, 40
進学促進ホール　17, 23-24
人権学習　179
「人権教育のための国連10年」に関する国内行動計画　186, 189
人権に対する認識を育てる指導　96, 100, 179
人権擁護施策推進法　183, 186
賑給　106
『人事極秘』　166
人種差別撤廃条約　182, 184
壬申戸籍　130, 166
新平民　130
新民世界　136
心理的差別　157
親和会　137
水平歌　142
水平社運動　99, 144
水平社宣言　142
すその学習　27
世阿弥　116
生口　103
世界人権宣言　180
節季候　117
雪踏　120
施薬院　107
善阿弥　115
全国水平社　140
全国地域人権運動総連合　158
全国統一応募用紙　166
全国同和教育研究協議会　154
全国部落解放運動連合会　158
賤称廃止の建議　129
センター学習　5, 39
全日本同和会　158
全日本同和対策協議会　154
千本閻魔堂　114
千本釈迦堂　114
千本地区教育推進協議会　34

千本の赤　11, 91, 114
千本ふるさと共生自治運営委員会（じうん）　38
千本4校　37
賤民　103, 104, 105, 110, 112, 114, 116, 118, 119, 123
　——集団　119
　——制解体　110
　——政策　123
　——制度　127
　——廃止令　127
　——身分　119, 120, 133
葬送法師　109
属地属人　30, 31, 33, 172, 173

た　行

大正デモクラシー　139, 140
大日本同胞融和会　137
高松結婚差別裁判糾弾闘争（高松地裁糾弾闘争）　145
鷹峯小学校　64
WPP（ウォールペインティングプロジェクト）　53, 61-63
弾左衛門　121-123
弾直樹　121, 129
地域改善対策協議会意見具申　183, 186
地域改善対策特定事業に関する国の財政上の特別措置に関する法律（地対財特法）　17, 158, 183
地域教育専門主事室　42
筑前叫革団　141
地名総鑑　166, 167
茶筅　116, 117, 124
中央融和事業協会　146, 150
抽出促進（指導）　5, 6, 21
　——授業　21, 46
中世非人　115
長期欠席（長欠）　14-16
長吏　110, 119, 121
燕会　140, 141
ツラッティ千本　12
弦召／弦売僧　111
帝国公道会　138

229

徹真同志社　140
同情融和大会　139
藤内　119
同盟休校　159, 160
　——闘争宣言　160
同和　146
　——加配教員　21
　——関係校　16, 17
同和教育
　——の概要　17, 18, 39
　——の普遍化　9, 34, 35
　——費　15
　——方針　4, 33, 39
同和行政　1, 30
同和施策運営要綱　15
同和対策事業　19, 32, 54, 155
　——特別措置法　3, 14, 153, 157, 161
同和対策審議会　155, 157
　——答申　1, 12, 41, 157
同和対策費　13
同和奉公会　146
同和問題
　——解決の主体者　11
　——学習　5, 6, 11, 24
　——企業連絡会　167
　——指導　89, 96, 179
　——にかかわる単元の指導　96
　——に対する認識の素地を育てる指導　179
特殊部落民解放論　141
徳富蘇峰　136
特別就学奨励費　3, 15
屠児　113, 120
屠者　110
品部　104, 105
鳥追い　117
鳥辺野　110, 114

な 行

中江兆民　136
長浜　156, 157
奈良坂　111
難民条約　182
仁木作之助　137

二極化　28, 29, 38, 47
2010年のまちづくり運動　173
日本共産党　158
日本書紀　108
『日本の部落』　166
奴婢　105
　——の制　104
ねたみ意識　165
野口　114
　——の河原者　115
　——の清目　114
野口村　114, 128, 144
野非人　121

は 行

鉢叩　116
鉢屋　120
撥雲堂療眼院　133, 137
ハルハウス　43
備作平民会　137
被差別民　103, 131
悲田院　107, 109, 110, 117, 121
非人　103-106
　——手下　121
　——番　121
　——身分　110
　抱——　121
平野小剣　140
不就学　3, 4, 14-16, 18, 33
不足の自覚　27, 46
部落委員会活動　146
部落改善運動　136, 140, 142
部落改善事業　14, 139
部落解放委員会　14, 15, 152
部落解放運動　153, 155, 161
部落解放研究北区集会（北研）　37, 165
部落解放全国委員会　150
部落解放全国研究集会　37
部落解放同盟　154
部落解放同盟正常化連絡会議　158
不良住宅地区改良法　13
斃牛馬　112, 133
　——化成処理場　133

索　引

――処理　115, 119, 124
平民主義　136
放下　117, 121
法の時代　158
乞食人　116
祝言人　116
卜占　109
法華経　107, 108
補習学級　17-19, 23-24

　　　　　　　ま　行

舞々　121
前田三遊　136
益井信　137
益井茂平　11, 92, 93, 129, 137
増田久江　144
又四郎　115
松井庄五郎　144
松方デフレ　134, 135
松本治一郎　140, 146
未顕現地区　42
南梅吉　142
南王子村　129
壬生　31
身分取り立ての歎願書（口上書）　128
三好伊平次　137
民間陰陽師　112
民族自決団　140
紫野　43
『明治之光』　138
盲学校　43, 63
（益井）元右衛門　128, 129
物吉　108

　　　　　　　や　行

矢田教育差別事件　162

柳原（東七条）　139, 144
――矯風会　137
山田孝野次郎　144
大和同志会　138, 144
ユーアイ・スクエア　64, 71, 72
融和　146
融和運動　136, 138, 140
融和事業完成10カ年計画　150
八鹿高校事件　164
養正　31
『よき日の為めに―水平社創立趣意書』　141
吉野村風俗改善同盟　136
米田富　140

　　　　　　　ら　行

癩　107
楽只学習施設"ツラッティ子どもセンター"
　（楽只学習センター）　23, 62, 86, 88
楽只学区社会福祉協議会　77
楽只児童館　43
楽只小学校　77, 137
楽只乳児保育所　169
楽只保育所　43, 63
楽只隣保館　53
濫僧　106
濫僧供　107
良賤の規定　104
良民　104, 105, 107
隣保館　17-18, 23, 24, 42
蓮台野小学校（現・楽只小学校）　11, 133
蓮台野村　114, 115, 122, 124, 128, 129, 132, 133, 137

　　　　　　　わ　行

ワークショップ・コスモス　43
渡辺村　128-130

231

執筆者および執筆協力者紹介（＊印は編者，執筆順）

＊後藤　直（ごとう・すなお）第4章，第5章4－[2] [3]，第8章3
　　佛教大学教育学部教授

＊萩本善三（はぎもと・よしみつ）第1章，第3章
　　元京都市立京都御池中学校校長

＊井川　勝（いかわ・まさる）第5章1～3
　　京都市立楽只小学校校長

　今井　誠（いまい・まこと）第2章
　　京都市立醍醐中学校教頭

　岡本昌人（おかもと・まさと）第5章4－[1] [5]
　　京都市立藤森中学校教諭

　浦杉伸介（うらすぎ・しんすけ）第5章4－[2]
　　京都市立修学院小学校校長

　南山〔城代〕直美（みなみやま〔きのしろ〕・なおみ）第5章4－[2]
　　尼崎市立成文小学校教諭，佛教大学教育学部2003年度卒業生

　藤川幸子（ふじかわ・さちこ）第5章4－[2]
　　京都市立御所南小学校教諭，佛教大学教育学部2003年度卒業生

　林田清文（はやしだ・きよふみ）第5章4－[3] [7]
　　元京都市立洛中小学校校長

　中西悠子（なかにし・ゆうこ）第5章4－[3]
　　京都市立紫明小学校教諭，佛教大学教育学部2002年度卒業生

　保科一生（ほしな・かずお）第5章4－[3]
　　京都市立錦林小学校教諭，佛教大学教育学部2002年度卒業生

　井上　猛（いのうえ・たけし）第5章4－[4] [5]
　　京都市立鳳徳小学校教諭

　森田和久（もりた・かずひさ）第5章4－[5]
　　京都市立醍醐小学校教頭

林　明宏（はやし・あきひろ）第5章4−6
　　京都市立醍醐小学校校長

菅野泰敏（かんの・やすとし）第6章
　　京都市立西ノ京中学校校長

熊谷　亨（くまがい・とおる）第6章
　　京都市北区役所

中川淳史（なかがわ・あつし）第7章
　　元京都教育大学附属京都中学校教諭

重田耕成（しげた・こうせい）第7章
　　京都市立洛西中学校教頭

松本一人（まつもと・かずと）第8章1〜2
　　元京都市立嘉楽中学校校長

木原博之（きはら・ひろゆき）第9章
　　京都市立嵐山東小学校校長

※所属は，2018年度。

佛教大学教育学叢書

同和教育実践
──新たな人権教育の創造──

| 2005年 3 月10日　初版第 1 刷発行 | （検印省略） |
| 2022年10月20日　初版第10刷発行 | |

定価はカバーに
表示しています

編著者	後 藤 　 直 三
	萩 本 善 三
	井 川 　 勝
発行者	杉 田 啓 三
印刷者	江 戸 孝 典

発行所　株式会社　ミネルヴァ書房
607-8494 京都市山科区日ノ岡堤谷町 1
電話 代表 (075)581-5191番
振替口座 01020 - 0 - 8076

© 後藤・萩本・井川ほか, 2005　共同印刷工業・藤沢製本

ISBN978-4-623-04351-4
Printed in Japan

本書の原本は佛教大学通信教育部のテキストとして
開発されたものである。

教職をめざす人のための**教育用語・法規** 　広岡義之編	四六・312頁・本体2000円
よくわかる教育学原論 　安彦忠彦・児島邦宏・藤井千春・田中博之編著	Ｂ５・264頁・本体2600円
人物で見る日本の教育 　沖田行司編著	Ａ５・314頁・本体2800円
学校がかわる　地域がかわる　**京都発　地域教育のすすめ** 　京都市教育委員会地域教育専門主事室編	Ａ５・234頁・本体1500円
輝け きょうの子どもたち ──京都発　障害のある子どもの新たな教育の創造 　京都市立総合支援学校長会／京都市教育委員会総合育成支援課編	Ａ５・292頁・本体1500円
子どもにやさしい学校 ──インクルーシブ教育をめざして 　乾　美紀・中村安秀編著	Ａ５・280頁・本体2500円
豚のＰちゃんと32人の小学生 ──命の授業900日 　黒田恭史著	Ａ５・200頁・本体2000円
ネットいじめはなぜ「痛い」のか 　原清治・山内乾史編著	四六・236頁・本体1800円
大人が知らないネットいじめの真実 　渡辺真由子著	四六・240頁・本体1500円
イチャモン研究会 ──学校と保護者のいい関係づくりへ 　小野田正利編著	四六・240頁・本体1400円

ミネルヴァ書房

https://www.minervashobo.co.jp/